Management Stratégique des Organisations

En théorie. En pratique. Et demain ?

Frédéric Driessens

Management Stratégique des Organisations

Guide

Édition : BoD · Books on Demand, 31 avenue Saint-Rémy,
57600 Forbach, bod@bod.fr
Impression : Libri Plureos GmbH, Friedensallee 273,
22763 Hamburg (Allemagne)

ISBN : 978-2-3225-6077-6
Dépôt légal : Décembre 2024

À toutes celles et ceux qui apprécieront

La publication de mon recueil autobiographique Quatre Ponts Plus Loin en octobre 2024 m'a donné l'envie de convertir mon cours de Management Stratégique des Organisations, donné à la HEPL depuis 2013 aux étudiants du Master en Facility Management, en un guide qui puisse être partagé avec un plus grand nombre d'étudiants mais aussi avec toutes personnes susceptibles d'être intéressées par cette matière.

Je ne suis pas professeur de formation donc ce guide n'a pas la prétention d'enseigner ou de transmettre un savoir. Je n'en ai ni la compétence, ni l'envie.

Dans le cadre de ce cours, j'ai voulu donner des réflexes, tantôt théoriques, tantôt pratiques dans le but de présenter le management stratégique comme une activité concrète, pertinente sur le terrain et indispensable. Rien d'académique ou de « philosophique ». Juste du vécu, du ressenti et de la transmission de ce que j'ai pu observer durant ma carrière.

Comme directeur financier de différentes sociétés (fonctions exercées durant 15 ans) puis au fil des nombreux mandats d'administrateurs et dossiers suivis lors des 13 années suivantes chez Meusinvest (devenu Noshaq), ou encore à la suite des missions effectuées via ma société HUALTO (depuis octobre 2023), j'ai constaté maintes fois que la pérennité des organisations nécessite un management stratégique à la hauteur et que celui-ci est bien souvent oublié ou sacrifié en raison d'un management exclusivement opérationnel.

Chacun en retirera ce qu'il souhaitera. Mais si ce guide peut contribuer au succès de quelques projets, organisations ou entreprises, et/ou si des étudiants le lisent avec intérêt, son objectif sera atteint.

En plus du plaisir que j'ai eu à l'écrire.

AU PROGRAMME

« La question pertinente n'est pas simplement de savoir ce que nous ferons demain, mais plutôt ce que nous ferons aujourd'hui pour nous préparer pour demain »

- Peter Drucker -

Objectifs du guide

Le guide vise à répondre à trois questions clés :

1. **Qu'est-ce que le Management Stratégique et quels facteurs l'influencent ?** *(En Théorie)*

2. **Quels sont les éléments clés du Management Stratégique qui influencent le succès ou l'échec d'une organisation ?** *(En Pratique)*

3. **Comment créer de la valeur dans un monde aux ressources limitées ?** *(Et Demain ?)*

Le contenu est donc divisé en trois sections :

1. *En Théorie* :

Concepts de management, stratégie, business model, environnement, clients, fournisseurs, ressources, personnel, concurrents, qualité, produits, services, valeur, prix, actionnaires…

2. *En Pratique* :

Éléments clés tels que l'organigramme, la structure financière, le business plan, le financement, la gestion des risques, et la création d'entreprises.

3. *Et Demain ?* :

Exploration des nouveaux business models, du développement durable et de l'économie de la fonctionnalité.

SECTION 1

EN THEORIE

Qu'est-ce que le Management Stratégique et quels facteurs l'influencent ?

CHAPITRE 1

LA STRATEGIE

« L'essence de la stratégie est le choix d'accomplir ses activités d'une manière différente de celle de ses concurrents »

- Michaël Porter -

La stratégie est un domaine vaste qui s'est construit autour de nombreuses écoles et courants de pensée.

Les décrire n'est ni l'objet ni l'intention de ce guide.

Il est néanmoins communément admis que la stratégie vise à permettre à l'organisation de construire sur son ou ses marchés une position qui lui est propre, compte tenu d'un environnement en constante évolution.

La stratégie consiste en effet pour l'organisation à configurer son périmètre d'activités et à y allouer efficacement et de manière distinctive ses ressources et compétences afin de pouvoir développer un avantage concurrentiel pérenne, lui permettant d'atteindre un niveau de performance durablement supérieur à celui de ses concurrents, et ainsi satisfaire ses actionnaires en créant de la valeur pour ceux-ci.

Outre la relation avec ses actionnaires, le dirigeant a plusieurs rôles : il doit définir la mission de l'organisation, formuler la stratégie et la mettre en œuvre.

Pour l'accompagner dans ces deux rôles, il existe un certain nombre de concepts et de méthodes.

En théorie, les dirigeants devraient définir la stratégie à partir d'une analyse rationnelle de l'environnement et des forces et faiblesses de l'organisation, puis s'assurer que l'organisation met en œuvre cette stratégie de manière cohérente.

En pratique, c'est évidemment plus compliqué.

Tout d'abord, la stratégie n'est qu'une des facettes du métier de dirigeant. Lorsque l'on observe les comportements des chefs d'organisation, on s'aperçoit qu'ils passent peu de temps à faire de la stratégie.

Ils sont sans arrêt sollicités par des problèmes de toute autre nature, notamment humains et « politiques ».

Le rôle des dirigeants n'est donc pas seulement de faire de la stratégie mais plutôt du « management stratégique », c'est-à-dire :

« Intégrer la stratégie dans la gestion

d'un contexte organisationnel complexe »

Les décisions stratégiques se fondent sur 4 piliers principaux :

- la définition des orientations de long terme de l'organisation et de son périmètre d'activités;

- l'organisation du processus de création, de distribution et de capture de la valeur;

- la gestion et l'allocation des ressources et des compétences au sein de l'organisation;

- le pilotage de la nécessaire adaptation à un environnement en constante évolution.

CHAPITRE 2

LE MANAGEMENT

« Le manager est un professionnel de la performance des autres »

- Philippe Gabilliet -

« Le Management est le pilotage de l'action collective au sein d'une organisation. Il comprend l'ensemble des techniques (notamment de planification, d'organisation, de direction et de contrôle) mises en œuvre dans une organisation afin qu'elle atteigne ses objectifs » (cfr Wikipedia).

Le management est un processus qui consiste à définir des objectifs et coordonner les efforts des membres d'un groupe pour pouvoir atteindre ces objectifs.

C'est un processus qui peut être décrit au moyen de 3 verbes :

- <u>Diriger</u> : consiste à fixer des objectifs et choisir les voies pour les atteindre ;

- <u>Mobiliser</u> : consiste à mettre en œuvre des ressources humaines, financières et matérielles de manière optimale ;

- <u>Contrôler</u> : consiste à vérifier si les objectifs ont été atteints et décider, si nécessaire, de prendre des mesures correctives appropriées.

Le rôle du manager est parfois aussi décrit au moyen de 5 verbes (Fayol) :

- <u>Prévoir</u> : le manager imagine le futur de l'organisation, fixe les objectifs et élabore une stratégie pour les atteindre ;

- <u>Organiser</u> : le manager organise, dirige et coordonne les activités de ses subordonnés ;

- <u>Commander</u> : le manager embauche, forme, donne des instructions, implique et motive le personnel ;

- <u>Coordonner</u> : le manager coordonne, harmonise les activités, les tâches et les efforts de ses subordonnés ;

- <u>Contrôler</u> : le manager établit les normes de performance et vérifie l'adéquation entre les résultats obtenus et les objectifs fixés.

Le management se décline selon l'horizon temporel : à court terme, on parle de « Management Opérationnel », à long terme, on parle de « Management Stratégique ».

Le management opérationnel concerne la gestion courante de l'organisation.

Les décisions de management opérationnel concernent le court ou le moyen terme et ont pour objectif l'optimisation des ressources pour atteindre les objectifs fixés.

Le management opérationnel est centré sur « le capital humain » de l'organisation. Le manager est responsable de la motivation et de l'efficacité de ses collaborateurs.

Il définit ou participe à la définition des objectifs de chacun d'entre eux, prend en charge l'organisation du travail, la répartition des tâches, la conception des outils et procédures.

Dans la pratique, le responsable d'une organisation prend très souvent en charge les deux aspects du management : il définit l'orientation stratégique, fixe les moyens mis au service des objectifs et s'emploie à maximiser les apports du personnel pour atteindre – voire dépasser- les objectifs de l'organisation.

Qu'est-ce que le Management Stratégique ?

Le management stratégique est l'ensemble des décisions qui relèvent de la direction de l'organisation et qui ont pour ambition de définir la stratégie de l'organisation.

Ces décisions stratégiques ont un impact à long terme et ont pour objectif principal d'assurer le développement et la pérennité de l'organisation.

Le management stratégique repose sur une double démarche :

- Une analyse des ressources et compétences de l'organisation permettant de dégager ses forces et faiblesses ;
- Une analyse de l'environnement de l'organisation pour mettre en lumière les opportunités à saisir et les menaces à éviter.

Le rôle des « managers » est d'intégrer la stratégie dans la gestion d'un contexte organisationnel complexe.

Le management stratégique s'intéresse aux orientations de l'organisation, à la détermination de ses objectifs et des stratégies à mettre en œuvre pour les atteindre en tenant compte de l'environnement et de la structure organisationnelle de l'organisation.

Il s'agit aussi de définir le système de contrôle permettant de suivre et de piloter les résultats, de contrôler la rentabilité des opérations.

Comme déjà écrit au chapitre précédent, la stratégie n'est qu'une des facettes du métier de manager. Lorsque l'on observe les comportements des chefs d'organisation, on s'aperçoit qu'ils passent peu de temps à faire de la stratégie. Ils sont sans arrêt sollicités par des problèmes de toute autre nature, notamment humains et politiques.

C'est donc cette intégration de la stratégie dans le quotidien du manager que l'on appelle « Management stratégique ».

CHAPITRE 3

LA CAPTURE DE LA VALEUR

« La vraie valeur d'une chose réside dans l'esprit de celui qui la possède, non pas dans l'esprit de celui qui la convoite »

- Jacques Nteka Bokolo -

Le business model est un « outil » pour comprendre, analyser, structurer, construire une stratégie d'organisation et son Management Stratégique.

Avant de continuer, il est utile de définir un concept qui me tient particulièrement à cœur lorsqu'il s'agit d'expliquer le fonctionnement d'une organisation et son business model.

Il s'agit de « *la capture de la valeur* ».

Le business model décrit en effet les principes selon lesquels une organisation crée, délivre et ***capture de la valeur***.

Il se structure autour de trois dimensions :

- *La proposition de valeur (cœur du BM)* : que veulent nos clients ? Que pouvons-nous leur offrir qui est source de valeur pour eux ?

- *L'architecture de la valeur* : la manière dont l'organisation s'organise pour créer et distribuer la proposition de valeur aux clients ciblés (chaîne de valeur, acteurs externes) ;

- *L'équation économique* = balance entre flux de revenus générés par la rencontre de la proposition de valeur et les coûts induits par l'architecture de la valeur.

« Le mot « valeur », du latin classique valor, est utilisé dès le XIIe siècle pour désigner le mérite ou les qualités.

Dans la littérature médiévale, la valeur est la vertu guerrière, militaire, la bravoure ou la combativité.

Par extension, le mot est ensuite pris pour « importance », avant d'admettre de nombreux emplois spécialisés.

D'une manière générale, la valeur peut être entendue comme le produit, le résultat d'un processus de valorisation ou d'évaluation. » (cfr Wikipédia)

L'objectif de l'organisation et de son business model est de générer une valeur maximale pour pouvoir la partager intelligemment.

Le graphique de la page 25 représente cette capture de la valeur.

Les différentes barres représentent :

1. **La valeur perçue par le client** :

C'est la valeur que le client ressent en utilisant le produit ou service. Elle est subjective et dépend des attentes et des expériences du client.

2. **La valeur créée par l'organisation** :

Cela représente la valeur totale que l'organisation génère à travers ses activités, produits ou services. C'est une mesure de l'efficacité de l'organisation à répondre aux besoins du marché.

3. **La valeur capturée par l'organisation** :

C'est la portion de la valeur créée que l'organisation réussit à conserver sous forme de revenus ou de profits. Cela dépend de la stratégie de prix et de la capacité à différencier l'offre.

4. **La valeur capturée par le client** :

Cela fait référence aux bénéfices que le client retire de l'achat, qui peuvent inclure des économies, des avantages fonctionnels ou émotionnels.

5. **Le prix** :

Le montant que le client paie pour le produit ou service. Le prix doit être aligné avec la valeur perçue pour que le client soit satisfait.

6. **Les coûts** :

Les dépenses engagées par l'organisation pour produire et livrer le produit ou service. Une gestion efficace des coûts est essentielle pour maximiser la valeur capturée.

Quelles interactions entre ces éléments ?

Le graphique montre comment ces différentes valeurs interagissent.

Par exemple, si la valeur perçue par le client est supérieure au prix, cela peut conduire à une satisfaction accrue et à une fidélisation. C'est la valeur capturée par le client.

De même, une organisation qui réussit à réduire ses coûts tout en maintenant la valeur créée peut augmenter sa rentabilité en augmentant la valeur capturée par l'organisation.

En résumé, ce graphique met en lumière l'importance de comprendre et d'équilibrer ces différentes dimensions pour optimiser la performance d'un business model.

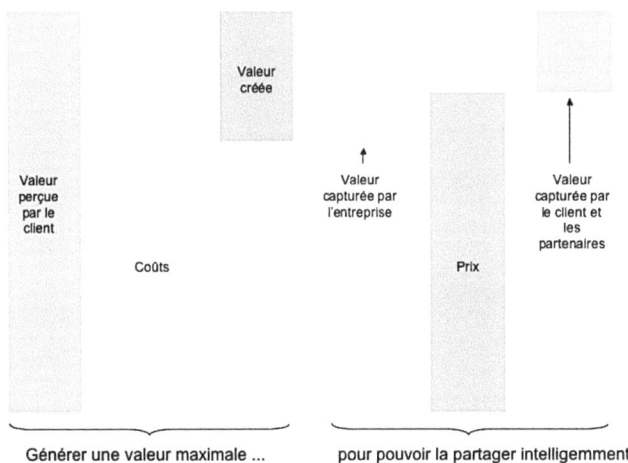

Le business model est donc l'ensemble des mécanismes permettant à une organisation de créer de la valeur à travers la proposition de valeur faite à ses clients, son architecture de valeur et la manière de capter cette valeur pour la transformer en profits.

Un business model est la stratégie déployée par une organisation pour générer des bénéfices.

Il s'agit d'un document synthétique qui décrit la situation d'une société sur un marché donné et apporte des précisions sur le positionnement de l'organisation et sur ses activités.

Pour faire un business model, il faut déterminer quels produits ou services vendre, comment, à quels clients et pour quels motifs.

Le business model est intégré au business plan.

CHAPITRE 4

LE BUSINESS MODEL CANVAS

*« Si tu ne comprends pas ton business en détail,
tu te diriges vers l'échec »*

- Jeff Bezos -

Un Business Model peut être représenté par 9 blocs qui décrivent l'économie d'une organisation, la façon dont elle envisage de « gagner de l'argent ».

Ces blocs couvrent les 4 grandes dimensions de l'organisation: clients, offre, infrastructure et viabilité financière.

Ces 9 blocs se lisent, se racontent, comme une histoire.

De nombreux ouvrages traitent de cet outil.

Le « *Business Model Canvas* » est un outil stratégique visuel qui permet de concevoir, développer et documenter des modèles d'affaires.

Il a été inventé par Alexander Osterwalder et introduit dans son livre « *Business Model Generation* », coécrit avec Yves Pigneur, publié en 2010.

Cet outil a été conçu pour simplifier la compréhension des modèles d'affaires en les représentant sur une seule page, facilitant ainsi l'analyse et la communication des idées.

L'origine du Business Model Canvas remonte à la thèse de doctorat d'Osterwalder, où il a développé une ontologie des modèles d'affaires.

Depuis sa publication, le Business Model Canvas est devenu un standard dans le domaine de la gestion et est largement utilisé par les entrepreneurs, les consultants et les étudiants en affaires à travers le monde.

L'ambition dans ce guide est de lui donner une vraie dimension stratégique et démontrer sa pertinence et son utilité.

Nous l'utiliserons également pour positionner les défis de l'organisation face à son environnement grâce à son caractère dynamique et interdépendant : toute modification de l'un des blocs induit des effets sur les autres.

La construction de cette chaine de valeur, la configuration et l'allocation des ressources et compétences de l'organisation sont au cœur de l'activité stratégique et donc du Management Stratégique de l'organisation.

Sans trop anticiper la troisième section, notons dès à présent que le business model de l'organisation est voué à évoluer.

Faire évoluer son business model, c'est accepter de remettre en question le périmètre du business model existant…

Penser « *out of the box* »:

- Agir sur la proposition de valeur : nouveau produit, nouveau service, nouvelle expérience, …

- Agir sur l'architecture de la valeur : optimisation de la chaîne de valeur, reconfiguration d'activités ou de ressources, partenariats innovants, …

- Agir sur l'équation économique : nouvelles sources de revenus, nouvelle dynamique de fixation des prix, meilleure maîtrise des coûts, transformation de coûts fixes en coûts variables, …

- ou Agir sur les trois dimensions.

L'innovation n'est aujourd'hui plus cantonnée aux produits, services et technologies, elle s'étend aux business model.

On parle d'innovation de business model lorsque plusieurs composantes du modèle économique sont modifiées, repensées pour délivrer la valeur d'une manière radicalement nouvelle.

L'innovation de business model permet de créer un avantage concurrentiel plus profitable et durable que toute autre forme d'innovation… (voir section 3 en fin de guide).

Le « Business Model Canvas » est donc un outil visuel qui permet de décrire, concevoir, remettre en question et pivoter un modèle économique.

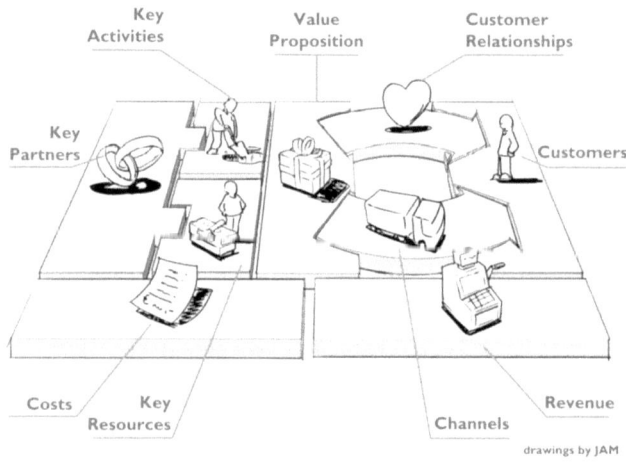

drawings by JAM

CHAPITRE 5

LES 9 BLOCS DU BMC

« Un bon recrutement commence par une solide compréhension des besoins de l'organisation et des compétences recherchées »

- Steve Jobs -

Nous allons décrire ci-après les 9 blocs en utilisant une présentation en 4 phases :

- Définition pratique du bloc et questions relatives ;
- Types de réponses attendues ;
- Exemples de AirBnb, Netflix et Tesla ;
- Utilité du bloc pour le manager

L'objectif de cette présentation est de se convaincre de la pertinence de cet outil pour le manager dans le cadre de la stratégie de son organisation.

1/ Segments de clientèle

Le bloc « Segments client » définit les différents groupes d'individus ou d'organisations que cible l'organisation.

Une organisation doit décider quels segments servir et quels segments ignorer. Le modèle économique pourra alors être construit à partir d'une compréhension fine et concrète des besoins spécifiques des clients.

Des groupes de clients constituent des segments différents lorsque :

- Leurs besoins requièrent et justifient une offre distincte ;

- Ils appellent l'utilisation de canaux de communication différents ;

- Ils exigent différents types de relations ;

- Ils n'ont pas la même rentabilité ;

- Ils sont prêts à payer pour des aspects différents de l'offre.

Pour qui créons nous de la valeur ?

Qui sont nos clients les plus importants ?

La case "Segments de clientèle" est cruciale car elle identifie les différents groupes de personnes ou d'organisations qu'une organisation vise à atteindre et à servir.

Quelques types de segments :

- Marché de masse : cible = une masse de clients aux besoins et problèmes globalement similaires
  (Ex : électronique grand public (Samsung et Apple))

- Marché de niche : segments spécialisés, spécifiques
  (Ex : fabricant de pièces détachées automobiles – Montres de Luxe (Rolex)))

- Marché segmenté : Clients aux besoins légèrement différents
  (Ex : banques qui offrent des services différents pour les particuliers, les PME et les grandes organisations)

- Marché diversifié : deux segments de clientèle totalement distinct
  (Ex : utilisation de la même infrastructure informatique par Amazon : commerce de détail en ligne et cloud computing pour sociétés internet)

- Marchés multilatéraux : Plusieurs segments interdépendants ou interconnectés
  (Ex : Visa – Presse - Uber)

Nos trois exemples :

Airbnb :

- Les voyageurs à la recherche d'un hébergement unique et abordable ;
- Les propriétaires souhaitant louer leurs espaces pour générer des revenus supplémentaires.

Netflix :

- Les consommateurs individuels cherchant un accès illimité à des films et des séries ;
- Les familles souhaitant des options de divertissement pour tous les âges.

Tesla :

- Les consommateurs soucieux de l'environnement cherchant des véhicules électriques.
- Les amateurs de technologie et de luxe cherchant des voitures innovantes et performantes.

Pertinence pour le manager :

Compréhension des besoins : Permet de mieux comprendre les besoins spécifiques de chaque segment ;

Personnalisation des offres : Aide à adapter les produits et services pour répondre aux attentes de chaque segment ;

Optimisation des ressources : Permet de concentrer les efforts marketing et de vente sur les segments les plus rentables.

2/ Propositions de valeur - OFFRE

Le bloc « Propositions de valeur » décrit la combinaison de produits et de services qui crée de la valeur pour un segment de clientèle donné.

= ce qui détermine les clients à choisir notre organisation plutôt qu'une autre

Elle apporte une solution à un problème ou satisfait un besoin.

Quelle valeur apportons-nous au client ?

Quel problème contribuons-nous à résoudre ?

A quels besoins répondons-nous ?

Quelles combinaisons de produits et de services proposons-nous à chaque segment de clients ?

La valeur peut être quantitative (prix, rapidité du service, …) ou qualitative (design, transfert d'expérience, …).

La case "Proposition de valeur" est essentielle car elle décrit les avantages uniques qu'une organisation offre à ses clients.

Quelques types de propositions de valeur :

- Nouveauté : Pas d'offre similaire, offrir quelque chose de nouveau ou d'innovant
  (Ex : Les premiers smartphones avec écran tactile)

- Performance : Améliorer les performances d'un produit/service existant
  (Ex : ordinateurs avec des processus plus rapides , logiciels)

- Personnalisation : Adapter aux besoins spécifiques d'un segment
  (Ex : co-création avec le client (car configurator))

- Design : Différenciation d'un produit par son design
  (Ex : mode ou électronique grand public (Apple))

- Marque/statut : Utiliser/arborer une marque donnée qui améliore le statut social du client
  (Ex : Rolex, automobile)

- Prix : « Valeur » similaire à un prix inférieur
  (Ex : Ryanair, Dacia)

- Réduction des coûts : Aider les clients à réduire leurs coûts
  (Ex : gestion de l'énergie)

- Réduction des risques : Associée à l'achat d'un produit/service
  (Ex : assurance, garantie, maintenance)

- Accessibilité : Rendre accessible des produits à des clients qui en étaient privés
  (Ex : time sharing, mutualisation)

- Commodité/ergonomie : Rendre les choses plus pratiques ou plus faciles à utiliser
  (Ex : iPod et iTunes – streaming (Netflix))

Nos trois exemples :

Airbnb :

- Offrir des hébergements uniques et authentiques à des prix compétitifs, permettant aux voyageurs de vivre comme des locaux.

Netflix :

- Offrir un accès illimité à une vaste bibliothèque de films et de séries, disponible à tout moment et sur n'importe quel appareil.

Tesla :

- Offrir des véhicules électriques haut de gamme avec des performances exceptionnelles et une technologie de pointe, tout en contribuant à la réduction des émissions de carbone.

Pertinence pour le manager :

Différenciation : Permet de se démarquer de la concurrence en offrant quelque chose d'unique ;

Attraction des clients : Aide à attirer et à fidéliser les clients en répondant à leurs besoins spécifiques ;

Création de valeur : Contribue à la création de valeur pour l'organisation et ses clients.

3/ Canaux

Le bloc « Canaux » décrit comment une organisation communique et entre en contact avec ses segments de clients pour leur apporter une proposition de valeur.

= l'interface de l'organisation avec ses clients

Les canaux remplissent plusieurs fonctions :

- Faire savoir aux clients que les produits et services de l'organisation existent ;
- Aider les clients à évaluer la proposition de valeur de l'organisation ;
- Permettre aux clients d'acheter des produits et des services donnés ;
- Délivrer une proposition de valeur aux clients ;
- Fournir aux clients un service après-vente.

Quels canaux nos segments de clients préfèrent-ils ?

Quels canaux utilisons-nous actuellement ?

Nos canaux sont-ils intégrés ?

Lesquels donnent les meilleurs résultats ?

Lesquels sont les plus rentables ?

Comment les intégrer aux routines des clients ?

La case "Canaux" est essentielle car elle décrit comment une organisation communique avec ses segments de clientèle et leur livre sa proposition de valeur.

Quelques types de canaux :

- Canaux de vente directe : Ventes réalisées directement par l'organisation.
  (Ex : Les boutiques en ligne de marques comme Apple)

- Canaux de vente indirecte : Ventes réalisées par des intermédiaires.
  (Ex : Les produits vendus via des détaillants comme Amazon)

- Canaux de communication : Moyens utilisés pour sensibiliser les clients.
  (Ex : Publicité en ligne, réseaux sociaux, campagnes par e-mail)

- Canaux de distribution : Moyens utilisés pour livrer les produits ou services.
  (Ex : Livraison à domicile, points de retrait)

- Canaux de service : Moyens utilisés pour fournir un service après-vente.
  (Ex : Support client par téléphone, chat en ligne)

Nos trois exemples :

Airbnb :

- Canaux de communication : Publicité en ligne, réseaux sociaux, partenariats avec des influenceurs.
- Canaux de distribution : Plateforme en ligne où les utilisateurs peuvent réserver des hébergements.

- Canaux de service : Support client via chat en ligne et centre d'aide.

Netflix :

- Canaux de communication : Publicité en ligne, recommandations personnalisées, campagnes par e-mail.
- Canaux de distribution : Application mobile, site web, applications pour smart TV.
- Canaux de service : Support client via chat en ligne et centre d'aide.

Tesla :

- Canaux de communication : Publicité en ligne, événements de lancement, réseaux sociaux.
- Canaux de distribution : Ventes directes via les magasins Tesla et le site web.
- Canaux de service : Centres de service Tesla, assistance mobile.

Pertinence pour le manager :

Sensibilisation : Aide à faire connaître l'organisation et ses produits/services ;

Évaluation : Permet aux clients de comparer les offres et de prendre des décisions d'achat ;

Achat : Facilite le processus d'achat pour les clients ;

Livraison : Assure que les produits/services sont livrés efficacement ;

Service après-vente : Maintient la satisfaction des clients et favorise la fidélité.

4/ Relations avec le client

Le bloc « Relations avec le client » décrit les types de relations qu'une organisation établit avec des segments de clientèle donnés.

La mise en place de la relation peut répondre à différents objectifs :

- Acquérir des clients
- Fidéliser des clients
- Réaliser des ventes supplémentaires

Quel type de relations chacun de nos segments de clients souhaite-t-il que nous entretenions avec lui ?

Quel type de relations avons- nous établies ?

Quel est leur coût ?

Comment s'articulent-elles avec les autres éléments de notre Business Model ?

La case "Relations clients" est essentielle car elle décrit le type de relation qu'une organisation établit avec ses segments de clientèle.

Quelques types de relations client :

- Assistance personnelle : Interaction humaine (Ex : conseiller clientèle magasin de bricolage)

- Assistance personnelle dédiée : Plus personnalisé (Ex : Gestionnaire de grands comptes en banque privée)

- Self-service : Pas de relation directe (Ex : Exki, Q8 express)

- Services automatisés : « Self-service » plus sophistiqué (Ex : profil personnel Amazon)

- Communautés : Communautés d'utilisateurs qui échangent leurs connaissances (Ex : Forums de discussion et groupes sur les réseaux sociaux)

- Co-création : Co-créer de la valeur avec le client (Ex : Tripadvisor, Youtube)

Nos trois exemples :

Airbnb :

- Assistance personnelle via chat en ligne et centre d'aide ;
- Communauté active où les hôtes et les voyageurs partagent des conseils et des expériences.

Netflix :

- Libre-service avec une vaste base de connaissances et des FAQ ;
- Services automatisés avec recommandations personnalisées basées sur les habitudes de visionnage.

Tesla :

- Assistance personnelle dédiée pour les acheteurs de véhicules ;
- Libre-service avec des tutoriels en ligne et des guides d'utilisation ;
- Communauté de propriétaires de Tesla partageant des conseils et des expériences sur les forums.

Pertinence pour le manager :

Satisfaction client : Des relations bien gérées augmentent la satisfaction et la fidélité des clients ;

Rétention : Des relations solides aident à retenir les clients sur le long terme ;

Valeur ajoutée : Les relations clients peuvent ajouter de la valeur en offrant des services supplémentaires ou en améliorant l'expérience client ;

Feedback : Les interactions avec les clients fournissent des informations précieuses pour améliorer les produits et services.

<u>5/ Flux de revenus</u>

Le bloc « Flux de revenus » représente la trésorerie que l'organisation génère auprès de chaque segment de clientèle.

Après déduction des coûts, ces flux représentent les bénéfices de l'organisation.

Pour quelle valeur nos clients sont-ils disposés à payer ?

Pour quoi paient-ils actuellement ?

Comment paient-ils ? Comment préféreraient-ils payer ?

Quelle est la contribution de chaque flux de revenus au revenu global ?

La case "Flux de revenus" est essentielle car elle décrit comment une organisation génère de l'argent à partir de chaque segment de clientèle.

Quelques types de flux de revenus :

- Vente de biens : Vente de droits de propriété (Ex : livres, automobiles)

- Droits d'usage : Utilisation d'un service donné (Ex : Proximus, Hôtel, service de livraison, Uber)

- Abonnements : Vente d'un accès en continu à un service

(Ex : salle de sports, Netflix)

- Location/Prêt : Droit exclusif temporaire d'utiliser un actif donné
  (Ex : Hertz, bibliothèque)

- 'Licensing' : Autorisation d'utiliser de la propriété intellectuelle
  (Ex : droit de licence Microsoft)

- Frais de courtage : Services d'intermédiation
  (Ex : Visa, assurances, immobilier, eBay)

- Publicité : Commissions perçues pour la publicité
  (Ex : médias, organisateurs d'événements, Google)

Nos trois exemples :

Airbnb :

- Commissions sur les réservations effectuées par les hôtes et les voyageurs

Netflix :

- Abonnements mensuels ou annuels pour l'accès à la plateforme de streaming

Tesla :

- Vente de véhicules électriques, vente de services de recharge, et vente de logiciels de conduite autonome

Pertinence pour le manager :

Diversification des revenus : Aide à identifier et à exploiter différentes sources de revenus pour réduire les risques ;

Optimisation des prix : Permet de tester et d'ajuster les stratégies de tarification pour maximiser les revenus ;

Prévision financière : Facilite la planification et la prévision des flux de trésorerie ;

Création de valeur : Contribue à la création de valeur pour l'organisation et ses actionnaires.

6/ Ressources clés

Le bloc des « Ressources clés » décrit les actifs les plus importants requis pour que le Business Model fonctionne.

Les ressources clés peuvent être physiques, financières, intellectuelles, ou humaines.

Elles peuvent appartenir à l'organisation, être louées par celle-ci ou obtenues auprès de partenaires clés.

Quelles ressources clés nos propositions de valeur exigent-elles ?

Qu'en est-il de nos canaux de distribution ?

De nos relations avec les clients ? De nos flux de revenus ?

La case "Ressources clés" est essentielle car elle décrit les actifs les plus importants nécessaires pour que le modèle économique fonctionne.

Catégories et exemples de ressources clés :

- Physiques : Sites de fabrication, immeubles, véhicules, machines, informatique, réseaux…
  (Ex : Ikea (magasins), Amazon (serveurs informatiques), InBev (machines et automates))

- Intellectuelles : Marques, brevets, droits d'auteur, fichiers clients et bases de données
  (Ex : Nike, Sony, Microsoft, algorithmes)

- Humaines : Essentielles dans les secteurs où la matière grise et la créativité sont au premier plan
  (Ex : Pfizer, ingénieurs et designers Apple)

- Financières : Ressources financières, lignes de crédits, garanties, …
  (Ex : Immobilier, Crédit 0%)

Nos trois exemples :

Airbnb :

- Plateforme technologique pour la réservation d'hébergements
- Marque reconnue et de confiance
- Base de données des utilisateurs (hôtes et voyageurs)

Netflix :

- Contenu sous licence et contenu original
- Algorithmes de recommandation
- Infrastructure technologique pour le streaming

Tesla :

- Usines de production
- Propriété intellectuelle (brevets sur les technologies de batterie et de conduite autonome)
- Équipe de recherche et développement

Pertinence pour le manager :

Identification des besoins : Aide à identifier les ressources essentielles pour le fonctionnement et la croissance de l'organisation ;

Allocation des ressources : Permet de mieux allouer et gérer les ressources pour maximiser l'efficacité ;

Avantage concurrentiel : Les ressources clés peuvent constituer un avantage concurrentiel significatif ;

Planification stratégique : Facilite la planification stratégique en identifiant les actifs critiques nécessaires pour atteindre les objectifs de l'organisation.

7/ Activités clés

Le bloc des « Activités clés » décrit les actes les plus importants qu'une organisation doit mettre en œuvre pour que son Business Model fonctionne.

Quelles activités clés nos propositions de valeur exigent-elles ?

Qu'en est-il de nos canaux de distribution ?

De nos relations avec les clients ?

De nos flux de revenus ?

La case "Activités clés" est essentielle car elle décrit les actions les plus importantes qu'une organisation doit entreprendre pour que son modèle économique fonctionne.

Catégories et exemples d'activités clés :

- Production : Conception, fabrication et livraison d'un produit
  (Ex : automobile, papier)

- Résolution de problèmes : Concevoir et proposer de nouvelles solutions
  (Ex : sociétés de conseil, hôpitaux)

- Plate-forme / Réseau : Activités liées à la plate-forme ou au réseau

(Ex : eBay, Visa => gestion et promotion de la plate-forme)

Nos trois exemples :

Airbnb :

- Maintenance et amélioration de la plateforme technologique
- Marketing et acquisition de nouveaux utilisateurs (hôtes et voyageurs)
- Gestion des relations avec les hôtes et les voyageurs

Netflix :

- Acquisition et production de contenu (films, séries, documentaires)
- Développement et maintenance de la plateforme de streaming
- Marketing et promotion pour attirer et retenir les abonnés

Tesla :

- Recherche et développement pour l'innovation technologique
- Production et assemblage de véhicules électriques
- Vente et distribution des véhicules
- Développement de l'infrastructure de recharge

Pertinence pour le manager :

Priorisation des efforts : Aide à identifier et à prioriser les activités essentielles pour le succès de l'organisation ;

Optimisation des processus : Permet d'optimiser les processus pour améliorer l'efficacité et réduire les coûts ;

Création de valeur : Les activités clés sont directement liées à la création de valeur pour les clients et l'organisation ;

Adaptabilité : Aide à adapter les activités en fonction des changements du marché et des besoins des clients.

8/ Partenariats clés

Le bloc « Partenariats clés » décrit le réseau de fournisseurs et de partenaires grâce auxquels le Business Model fonctionne.

Les organisations créent des alliances afin d'optimiser leur Business Model, réduire le risque et acquérir des ressources.

On peut distinguer 4 grands types de partenariats :

- Alliance stratégique entre des organisations non concurrentes ;
- Coopétition : partenariat stratégique entre concurrents ;
- Joint-ventures : pour développer de nouvelles activités ;
- Relations acheteurs-fournisseurs en vue d'assurer des prestations fiables.

Qui sont nos partenaires clés ?

Qui sont nos fournisseurs clés ?

*Quelles ressources clés nous procurons-nous
auprès de partenaires ?*

Quelles activités clés nos partenaires conduisent-ils ?

La case "Partenariats clés" est essentielle car elle décrit le réseau de fournisseurs et de partenaires qui rendent le modèle économique possible.

Exemples d'objectifs de partenariats :

- Optimisation et économies d'échelles :
  Externalisation et/ou partage des infrastructures

- Réduction du risque et d'incertitude : Mutualisation des connaissances entre concurrents pour créer un nouveau produit
  (Ex : Blu-ray par fabricants de lecteurs DVD)

- Acquisition de certaines ressources et activités : Prise en charge de certaines activités par un tiers
  (Ex : Gsm (Proximus & Samsung), Assurances)

- Alliances stratégiques entre non-concurrents : Collaborations entre organisations qui ne sont pas en concurrence directe

(Ex : Partenariat entre Starbucks et des librairies pour offrir des cafés dans les librairies)

- Coopétition : Partenariats stratégiques entre concurrents
  (Ex : Partenariat entre Google et Samsung pour le développement de certains aspects d'Android)

- Joint-ventures : Création d'une nouvelle organisation détenue conjointement par deux ou plusieurs organisations
  (Ex : Joint-venture entre Sony et Ericsson pour créer Sony Ericsson)

- Relations acheteur-fournisseur : Partenariats pour assurer des approvisionnements fiables
  (Ex : Partenariat entre Apple et ses fournisseurs de composants électroniques)

Nos trois exemples :

Airbnb :

- Partenariats avec des agences de voyage en ligne pour élargir la portée de leurs offres
- Collaborations avec des organisations locales pour offrir des expériences uniques aux voyageurs

Netflix :

- Accords de licence avec des studios de cinéma et de télévision pour obtenir du contenu

- Partenariats avec des fabricants de téléviseurs pour intégrer l'application Netflix directement dans les smart TVs

Tesla :

- Collaborations avec des fournisseurs de batteries pour assurer un approvisionnement stable
- Partenariats avec des organisations de recharge pour développer l'infrastructure de recharge

Pertinence pour le manager :

Optimisation des ressources : Les partenariats permettent de partager les ressources et les compétences ;

Réduction des risques : Les alliances stratégiques peuvent aider à répartir les risques ;

Accélération de la croissance : Les partenariats peuvent ouvrir de nouveaux marchés et opportunités ;

Innovation : Les collaborations peuvent stimuler l'innovation en combinant différentes expertises.

9/ Structure de coûts

Le bloc « Structure de coûts » décrit les coûts les plus importants générés par l'utilisation du Business Model.

Ils peuvent être calculés relativement facilement une fois définis les ressources, activités et partenariats clés.

Quels sont les coûts les plus importants inhérents à notre Business Model ?

Quelles ressources clés sont les plus coûteuses ?

Quelles activités clés sont les plus coûteuses ?

La case "Structure de coûts" est essentielle car elle décrit tous les coûts engagés pour faire fonctionner un modèle économique.

Deux grandes catégories de structure de coûts :

- Celles fondées sur une logique de coûts (cost-driven) : minimiser les coûts partout où cela est possible (Ex : Ryanair)

- Celles fondées sur une logique de valeur (value-driven) : Proposition de valeur premium et haut degré de personnalisation du service (Ex : Hôtel de luxe)

Caractéristiques des structures de coûts :

- Coûts fixes : indépendants des volumes produits (Ex : appointements, immeubles)

- Coûts variables : dépendants des volumes produits (Ex : salaires, matières)

- Économies d'échelle : avantages de coûts lorsque la production augmente
  (Ex : grandes organisations)

- Économies d'envergure : avantages de coûts liés à la diversité
  (Ex : canaux de distribution identiques pour produits différents - Utilisation des mêmes installations de production pour différents modèles de voitures chez un constructeur automobile)

Nos trois exemples :

Airbnb :

- Coûts fixes : Développement et maintenance de la plateforme, salaires des employés
- Coûts variables : Frais de transaction, marketing et acquisition de nouveaux utilisateurs

Netflix :

- Coûts fixes : Production de contenu original, licences de contenu, infrastructure technologique
- Coûts variables : Frais de bande passante, coûts de distribution

Tesla :

- Coûts fixes : Usines de production, salaires des employés, recherche et développement
- Coûts variables : Coûts des matériaux, coûts de production par véhicule

Pertinence pour le manager :

Gestion des coûts : Aide à identifier et à gérer les coûts pour maximiser la rentabilité ;

Optimisation des ressources : Permet de mieux allouer les ressources pour réduire les coûts ;

Stratégie de tarification : Influence la stratégie de tarification en fonction des coûts ;

Viabilité économique : Assure que le modèle économique est viable et durable à long terme.

Ceci clôture la présentation des 9 blocs du Business Model Canvas. Du moins dans sa version originale.

Depuis, de nombreuses versions ont vu le jour en ajoutant aux blocs initiaux, des notions de RSE, ESG, développement durable, …

Retenons à ce stade toute la pertinence de cet outil pour le manager qui a l'intention et l'ambition de faire de la stratégie :

Vision globale : Offre une vue d'ensemble claire et structurée du modèle économique ;

Flexibilité : Permet d'ajuster rapidement le modèle en fonction des changements du marché ;

Communication : Facilite la communication et la compréhension entre les équipes ;

Innovation : Encourage la réflexion créative et l'innovation ;

Optimisation des ressources : Aide à identifier et à gérer les ressources et les coûts de manière efficace.

Le Business Model Canevas est un outil indispensable pour tout manager souhaitant naviguer dans un environnement économique complexe et en constante évolution.

Il permet de structurer, analyser et optimiser tous les aspects d'un modèle économique, facilitant ainsi la prise de décision stratégique et la création de valeur.

Le chapitre suivant permettra de confirmer cette pertinence.

Face aux challenges d'un environnement en constante évolution, le manager et son organisation seront confrontés aux tendances clés, aux forces du marché et du secteur et aux forces macroéconomiques.

Une maitrise et une capacité à challenger le business model se révélera indispensable face à cet environnement sous peine de mettre en péril la pérennité de l'organisation.

CHAPITRE 6

L'ENVIRONNEMENT

« Sur un marché dynamique, ne pas se démarquer
équivaut à être invisible »

- Seth Godin -

Dans un monde en constante évolution, les organisations doivent naviguer à travers un paysage complexe de tendances clés, de forces de leur(s) marché(s) et de leur(s) secteur(s) mais aussi tenant compte des dynamiques macroéconomiques.

Ces éléments ne sont pas seulement des facteurs externes ; ils façonnent profondément les modèles d'affaires et les modèles qui les soutiennent.

Ce chapitre explore comment ces influences interconnectées redéfinissent les stratégies, en mettant en lumière les opportunités et les défis qui en découlent.

Les **tendances clés**, qu'elles soient technologiques, sociétales ou environnementales, dictent souvent les attentes des consommateurs et les normes de l'industrie.

Parallèlement, les **forces du marché**, telles que la concurrence et la réglementation, exercent une pression constante sur les organisations pour qu'elles s'adaptent et innovent.

Les **tendances macroéconomiques**, comme les fluctuations économiques et les changements politiques, ajoutent une couche de complexité qui peut influencer la viabilité à long terme des modèles d'affaires.

En examinant ces dimensions, nous découvrirons comment les organisations peuvent non seulement survivre, mais prospérer dans cet environnement dynamique.

Ce chapitre fournira des exemples concrets, offrant ainsi une feuille de route pour les dirigeants souhaitant aligner leur business model avec les réalités du terrain et permetra aux étudiants de bien comprendre la pertinence des outils présentés.

Nous allons structurer le chapitre en quatre axes :

- *Les Forces du Marché* : **l'analyse de son marché** va permettre à l'organisation de définir ses segments de marché, les besoins et demandes de celui-ci, les enjeux, mais aussi les notions moins connues de coûts de changement d'attraits revenus.

- *Les Forces du Secteur* : il s'agit de **l'analyse concurrentielle** qui va permettre à l'organisation de maitriser les fournisseurs et autres acteurs de la chaine de valeur, les parties prenantes du secteur, les concurrents bien entendu mais aussi les nouveaux entrants et les services et/ou produits de substitution.

- *Les tendances clés* : de manière **prospective**, l'organisation doit suivre les tendances technologiques, réglementaires, culturelles et sociétales, économiques.

- *Les forces macroéconomiques* : l'organisation s'inscrit dans une **macroéconomie**. Elle doit connaitre et suivre la situation économique dans laquelle elle évolue, les marchés financiers, la disponibilité des matières premières et des autres ressources ainsi que l'infrastructure économique.

1/ Les Forces du Marché

En économie, un marché est la quantité ou la valeur totale des produits ou des services d'une catégorie donnée vendue sur une période donnée sur une zone géographique donnée. (Par exemple : le marché belge de l'automobile entre 2000 et 2010).

Pour les économistes le marché est le lieu physique ou virtuel où se rencontre l'offre et la demande et où s'opère la détermination du prix d'un bien ou d'un service.

L'analyse du Marché de l'organisation va concerner les points suivants :

- Enjeux : Identifier les enjeux clés qui orientent et transforment le marché de l'organisation.

  Quels sont les enjeux clés ?
  Quelles évolutions s'amorcent ?
  Où va le marché ?

- Segments Marché : Identifier les principaux segments du marché, décrire leurs attraits et chercher à repérer de nouveaux segments.

  Quels sont les segments de clients les plus importants ?
  Où se situe le potentiel de croissance le plus important ?
  Quels segments sont en déclin ?
  Quels segments périphériques faut-il suivre avec attention ?

- Besoins et demandes : Mettre en lumière les besoins du marché et évaluer les réponses qui y sont apportées.

  De quoi ont besoin les consommateurs/clients ?
  Quels sont les besoins insatisfaits les plus importants ?
  Quelles sont les attentes réelles des clients ?
  Où la demande est-elle en progression ? En déclin ?

- Coûts de changement : Décrire les éléments concernant le risque de perte de clients au profit des concurrents => fidélisation.

  Qu'est-ce qui attache des clients à l'organisation et à son offre ?
  Quels coûts de changement découragent les clients de passer à la concurrence ?
  Est-il aisé pour les clients de trouver et d'acheter des offres similaires ?
  Quelle est l'importance de la marque ?

- Attraits revenus : Identifier les éléments concernant l'attrait des revenus et le pouvoir de fixation des prix.

Pour quels produits/services les clients sont-ils réellement prêts à payer ?
Où peut-on réaliser les marges les plus importantes ?
Les clients ont-ils la possibilité de trouver et d'acheter facilement des produits et des services moins chers ?

2/ Les Forces du Secteur

Un secteur d'activité regroupe des organisations de fabrication, de commerce ou de service qui ont la même activité principale.

L'analyse du Secteur de l'organisation va concerner les points suivants :

- Concurrents : Identifier les acteurs établis et leurs atouts.

  Qui sont les concurrents ?
  Qui sont les acteurs dominants du secteur ?
  Quels sont les avantages et handicaps concurrentiels ?
  Quels segments de clients ciblent les concurrents ?
  Quelle est leur structure de coûts ?
  Quelle influence ont les concurrents sur les segments, les flux de revenus et les marges ?

- Nouveaux entrants : Identifier les nouveaux acteurs et déterminer si leur business model est différent de celui de l'organisation.

Qui sont les nouveaux entrants ? Sont-ils différents ?
Quelles barrières doivent-ils surmonter ?
Quels segments ciblent-ils ?

- Produits et services de substitution : Décrire les substituts potentiels à l'offre de l'organisation – y compris ceux émanant d'autres marchés et secteurs. (Ex : Smartphone vs appareil photo)

  Quels produits et services pourraient remplacer ceux de l'organisation ?
  Combien coûtent-ils ?
  Sont-ils faciles à adopter par les clients ?

- Fournisseurs et autres acteurs de la chaine de valeur : Décrire les acteurs clés de la chaîne de valeur dans le secteur de l'organisation et repérer les acteurs émergents.

  Qui sont les acteurs clés de la chaîne de valeur du secteur ?
  Dans quelle mesure le business model est-il dépendant des autres acteurs ?
  Lesquels sont les plus rentables ?

- Stakeholders : Préciser quels acteurs peuvent influencer l'organisation et le business model de l'organisation.

  Quelles parties prenantes pourraient influencer le business model de l'organisation ?
  Quel est leur pouvoir d'influence ?
  Salariés ? Pouvoirs publics ? Lobbyistes ?

L'analyse des Tendances Clés va concerner les points suivants :

- Tendances technologiques : Identifier les tendances technologiques qui pourraient menacer le business model de l'organisation ou permettre de le faire évoluer ou de l'améliorer.

  Quelles sont les grandes évolutions technologiques sur le marché et au-delà ? Quelles technologies représentent des opportunités ou des menaces importantes ?

- Tendances règlementaires : Décrire les règlementations et les tendances règlementaires qui influencent le business model.

  Quelles tendances règlementaires influencent le marché ? Quelles normes et règlements pourraient affecter le business model ?
  Quels impôts et règlements exercent une influence sur la demande des clients ?

- Tendances culturelles et sociétales : Identifier les grandes tendances culturelles et sociétales qui pourraient exercer une influence sur le business model de l'organisation.

  Quelles évolutions des valeurs sociétales et culturelles touchent le business model ? Quelles tendances pourraient influencer le comportement des acheteurs ?

- Tendances socio-économiques : Donner les grandes lignes des tendances socio-économiques pertinentes pour le business model.

Quelles sont les tendances démographiques ?
Comment qualifier la répartition des revenus et des richesses sur le marché ?

4/ Forces Macro-économiques :

La macroéconomie est l'approche théorique qui étudie l'économie à travers les relations existantes entre les grands indicateurs économiques : le revenu, l'investissement, la consommation, le taux de chômage, l'inflation, etc.

La macroéconomie constitue l'outil essentiel d'analyse des politiques économiques des États ou des organisations internationales.

L'analyse des forces macro-économiques va concerner les points suivants :

- Situation économique : Décrire le contexte dans une perspective macro-économique.

L'économie est-elle dans une phase de croissance ou de récession ?
Taux de chômage ?
Taux de croissance du PIB ?

- Marchés financiers : Décrire la situation des marchés financiers dans la perspective des besoins en capitaux de l'organisation.

  Quelle est la situation des marchés de capitaux ?
  Est-il aisé d'obtenir du financement ?
  Du capital à risque ? Des financements publics ?
  A quel coût ?

- Matières premières et autres ressources : Mettre en lumière les prix et les tendances de prix pour les ressources du business model de l'organisation.

  Marchés de matières premières et autres ressources essentielles : coûts de l'énergie, main d'œuvre, …
  Est-il aisé d'obtenir ces ressources ?
  Par exemple, des compétences de haut niveau ou des techniques ?

- Infrastructure économique : Décrire l'infrastructure économique du marché sur lequel intervient l'organisation.

  Quelle est la qualité de l'infrastructure publique dans le marché ?
  Comment qualifier les transports, les échanges commerciaux, l'enseignement, l'accès aux tiers (fournisseurs et clients), la pression fiscale, les services publics ?

L'analyse SWOT (Strengths – Weaknesses – Opportunities – Threats) est un outil d'analyse stratégique.

Il combine l'étude des forces et des faiblesses d'une organisation, d'un territoire, d'un secteur, etc. avec celle des opportunités et des menaces de son environnement, afin d'aider à la définition d'une stratégie de développement.

Le but de l'analyse est de prendre en compte dans la stratégie, à la fois les facteurs internes et externes, en maximisant les potentiels des forces et des opportunités et en minimisant les effets des faiblesses et des menaces.

L'analyse SWOT permet d'identifier les axes stratégiques à développer. Bien qu'avant tout destinée à la planification, l'analyse SWOT peut servir à vérifier que la stratégie mise en place constitue une réponse satisfaisante à la situation décrite par l'analyse.

Combinée au 'Business Model Canvas', l'analyse SWOT permet un diagnostic ciblé du modèle économique et de ses 9 blocs.

Conclure un diagnostic de chacun des 9 composants du Business Model peut révéler des pistes intéressantes d'innovation et de renouveau.

L'analyse SWOT pose quatre questions simples mais essentielles : les deux premières évaluent l'organisation de l'intérieur (forces et faiblesses), les deux suivantes évaluent la position de l'organisation dans son environnement.

Le diagnostic SWOT structuré du business model fournit une photo de la situation de l'organisation (forces et faiblesses) et suggère des trajectoires pour le futur (opportunités et menaces).

CHAPITRE 7

LE MANAGER

« Le meilleur manager est celui qui sait trouver les talents pour faire les choses, et qui sait aussi réfréner son envie de s'en mêler pendant qu'ils les font »

- Theodore Roosevelt -

L'ambition de ce chapitre est de donner quelques modestes conseils à destination des managers.

Ils sont issus de mes constatations personnelles au fil de ma carrière mais aussi et surtout confirmés par des études menées par divers spécialistes du management.

Il est communément admis que les missions du manager peuvent se résumer comme suit :

Accompagner, développer, soutenir ses collaborateurs pour les amener au succès

Manager = devenir un moteur de développement de la performance de chaque membre de l'équipe

Avant d'exiger des autres, il faut déjà et avant tout être exigeant avec soi-même en recherchant l'exemplarité et la cohérence entre ses actes et ses paroles.

Voici une première liste de comportements attendus d'un *bon* manager :

- Résoudre les problèmes concrets des collaborateurs ;

- Donner des feedbacks constructifs, positifs comme négatifs ;

- Aider les collaborateurs à se responsabiliser en leur faisant prendre de la hauteur en cas de conflit ;

- Applaudir les succès sans oublier d'encourager les efforts ;

- Être à l'écoute des idées et favoriser le développement de l'expression de chacun (créativité) ;

- Faire preuve d'introspection => remettre ses points de vue en cause ;

- Incarner des valeurs éthiques et montrer l'exemple.

Le manager est par définition une personne qui gère une équipe dans un environnement qui bouge.

Qu'il soit junior ou senior, le manager ne peut pas se contenter de se reposer uniquement sur ses acquis.

Il doit être en veille permanente dans son domaine, ne pas hésiter à avoir recours à la formation, se documenter sur les techniques de motivation de son équipe, ou encore se rapprocher d'experts et de cabinets spécialisés pour l'accompagner dans ses problématiques de management.

Pour progresser, un manager doit se poser des questions, c'est fondamental.

Qu'il s'agisse de l'ambiance qui règne au sein de son équipe ou vis-à-vis de lui-même, ce dernier doit savoir se remettre en question, avoir l'humilité nécessaire qui lui permettra de s'améliorer mais aussi de désamorcer un conflit.

Être manager, c'est être capable de :

- Confronter les écarts de performance de façon constructive ;

- Mener à bien une activité d'équipe ;

- Gérer les conflits de personnes ;

- Faire progresser les collaborateurs ;

- Exercer la fonction de « leader » en comprenant les caractéristiques de l'équipe :

  - Le leader en performance (objectifs et récompenses) ;

  - Le leader en changement (vision, exemplarité et valorisation de l'initiative) ;

- Exercer un management positif et valorisant (vis-à-vis de l'individu et de l'équipe) ;

- Formuler et communiquer en permanence son savoir-faire ;

- Piloter ses performances au quotidien ;

- Trouver des solutions aux problèmes quotidiens ;

- Trouver et utiliser les leviers (financiers, formations, affectifs) ;

- Motiver ses collaborateurs – faire confiance, responsabiliser, éviter la routine ;

- Centrer son management sur la méthode plutôt que sur la production ;

- Responsabiliser son équipe (l'animer et la motiver, l'organiser et la valoriser) ;

- Stimuler l'esprit d'équipe – susciter les initiatives de son équipe ;

- Faire appliquer une décision ;

- Savoir dire non ;

- Recadrer un collaborateur - bien formuler une critique ;

- Savoir présenter ses excuses.

Trends a mené une étude et dégagé une liste de vingt *mauvais* comportements de manager :

1. Gagner, toujours gagner : le besoin de sortir vainqueur de chaque situation coûte que coûte, même si c'est tout à fait hors propos ;

2. Trop grande valeur ajoutée : le besoin irrépressible de donner son avis sur tout à chaque discussion ;

3. Jugements : le besoin de tester systématiquement les autres et d'imposer ses propres critères ;

4. Commentaires désobligeants : remarques inutilement sarcastiques et inopportunes pour montrer qu'il a de la répartie ;

5. Répondre par 'non', 'mais' ou 'cependant' : l'utilisation excessive des qualificatifs négatifs pour prouver que « *J'ai raison, tu as tort* » ;

6. Vanter son intelligence : le besoin de prouver par A + B qu'il est plus malin qu'on ne pourrait le croire ;

7. S'exprimer sous l'emprise de la colère : utiliser l'inconstance émotionnelle comme instrument de management ;

8. Négativité ou « *je vais t'expliquer pourquoi cela ne marche pas* » : le besoin d'exprimer des idées négatives, de façon généralement inopportune, même si personne ne lui demande rien ;

9. Rétention d'informations : il ne partage pas l'information pour jouer au plus fin ;

10. Absence de reconnaissance : incapacité de féliciter et de récompenser ;

11. S'approprier le succès d'autrui : le besoin exaspérant d'exagérer sa contribution à chaque réalisation ;

12. S'excuser : le besoin de présenter son attitude déplaisante comme un fait accompli pour qu'on le croie ;

13. Références au passé : le besoin de se décharger de ses responsabilités, de reporter la faute sur des personnes et des événements du passé ; une autre façon de toujours reporter la faute sur quelqu'un d'autre ;

14. Privilégier : ne pas comprendre qu'il traite injustement ceux qu'il privilégie ;

15. N'exprimer aucun regret : être incapable d'assumer la responsabilité de ses actes, d'admettre qu'il a commis une erreur ou de reconnaitre que ses actes peuvent avoir des conséquences pour les autres ,

16. Ne pas écouter : la forme la plus passive-agressive de manque de respect vis-à-vis des collègues ;

17. N'exprimer aucune gratitude : la forme la plus banale d'une mauvaise éducation ;

18. Punir le messager : le besoin injustifié de s'en prendre à un innocent qui ne demande qu'à être utile ;

19. Faire porter le chapeau aux autres : le besoin de rendre tout le monde responsable, sauf soi-même ;

20. Un besoin exagéré d'être « soi » : prendre ses défauts pour des qualités en s'y assimilant.

SECTION 2

EN PRATIQUE

Pratiquement, quels sont les éléments clefs du Management Stratégique qui contribuent aux succès / aux échecs d'une organisation ?

CHAPITRE 8

L'ORGANIGRAMME

« La valeur d'une organisation se mesure à celle de ses employés »

- Mary Kay Ash -

L'organigramme est une représentation schématique des liens fonctionnels, organisationnels et hiérarchiques d'une organisation.

Il sert à indiquer la répartition des responsabilités et les relations de subordination qui existent entre les acteurs de l'organisation.

Il existe plusieurs types d'organigrammes :

1/ Structure hiérarchique :

Elle repose sur le principe d'unicité du commandement, chaque salarié ne dépendant que d'un seul supérieur hiérarchique.

- Avantages : simplicité du commandement, clarté et sécurité ;
- Inconvénients : cloisonnement, mauvaise circulation de l'information, lourdeur, bureaucratie.

2/ Structure fonctionnelle :

Elle repose sur le principe de division fonctionnelle de l'autorité et de pluralité du commandement, tout salarié dépendant de plusieurs chefs, chacun n'ayant autorité que dans son domaine de compétence.

- Avantages : spécialisation très efficace du personnel, regroupement des compétences ;

- Inconvénients : possibilité de conflits engendrés par la multiplicité du commandement, risque de dilution des responsabilités.

3/ Structure hiérarchico-fonctionnelle :

Elle repose sur le principe d'unicité du commandement et de la nécessité de recourir à des organes de conseil composés de spécialistes.

Des conseillers spécialisés dans des domaines précis sont attachés aux chefs hiérarchiques. La hiérarchie décide. Les responsables fonctionnels aident à la décision.

On a alors 2 lignes :

- La ligne de commandement (directeurs opérationnels) ;

- La ligne de conseil (directeurs fonctionnels qui ne donnent pas d'ordre).

Inconvénient : risque de relations difficiles entre les opérationnels et les fonctionnels.

4/ Structure divisionnelle :

Elle repose sur le principe de la décentralisation du pouvoir et de la décentralisation des décisions.

La forme divisionnelle distingue très nettement la direction générale et les directions opérationnelles.

Dans cette structure l'activité est découpée en sous-ensembles disposant d'une certaine autonomie appelés divisions. Celles-ci sont créées selon une logique de marché, de produit, de couple produit-marché, d'activité ou de type de clientèle.

- Avantages : autonomie des divisions, culture commune du produit, taille humaine des divisions (meilleures relations de travail), bonne coordination car le responsable s'occupe de toute la vie du produit et la direction générale peut se consacrer à son rôle de stratégie ;

- Inconvénient : des économies d'échelle peuvent être perdues à cause de la multiplication des services fonctionnels (comptabilité, marketing, etc.), répartition des moyens communs entre plusieurs divisions coûteuse et perte en expertise, intérêt du groupe moins important par rapport aux intérêts de la division (qui devient autonome).

5/ Structure matricielle :

Elle repose sur un principe de dualité de commandement.

Elle combine le découpage par fonction et par division, chaque individu ayant 2 supérieurs, un chef de projet évoluant en fonction des besoins et un supérieur permanent.

Elle est axée sur l'idée de "groupe de projet".

Le découpage des activités se fait selon 2 critères :

- o   Par fonction spécialisée (commercialisation, production, ...) ;

- o   Par produit ou par projet.

- •   Avantage : bien adaptée à une gestion par produit ou par marché, permet de profiter des compétences de deux responsables.

- •   Inconvénient : manque parfois de coordination (dualité du commandement), risque de conflits, coûts élevés.

L'organisation est structurée en deux niveaux : décision et exécution, réflexion et aide à la décision, opérationnel et fonctionnel.

Les organes opérationnels :

Les organes opérationnels concourent directement à l'activité de l'organisation : services Achats, Ventes, Livraisons, Magasin.

Si un opérationnel cesse de travailler, la production correspondante n'est pas fournie.

Les opérationnels font partie de la ligne hiérarchique. Ils comprennent les responsables des directions, des services et les employés.

Les organes fonctionnels :

Les organes fonctionnels ont pour rôle de conseiller, d'assister : Recherche, Contrôle, Marketing, DRH, fonction de Secrétaire Général, fonction d'Assistant.

En cas d'absence d'un fonctionnel, l'organisation va continuer à produire même si certaines décisions doivent être retardées.

Dans la réalité de l'organisation, la frontière est souvent difficile à établir entre ces deux catégories. En effet, les services fonctionnels ont un rôle de conseil mais ont souvent une délégation d'autorité sur les services dans leur domaine de compétence (ex : Directeur Marketing sur Service Commercial).

Il n'est pas complexe de justifier de la nécessité et de souligner l'importance de l'organigramme :

- Fonctionnement interne ;
- Silos ;
- Communication interne ;
- « Jeux de pouvoirs » ;
- Promotions ;
- Barèmes salariaux ;
- Respect et contrôle des procédures ;
- Assurance qualité ;
- Sécurité ;
- …

CHAPITRE 9

LA STRUCTURE FINANCIÈRE

"Le seul intérêt de l'argent est son emploi"

- Benjamin Franklin -

La structure financière d'une organisation dépend principalement des contraintes financières liées à la nature de ses activités développées et de ses décisions stratégiques prises en matière d'investissement, d'exploitation et de financement.

Pour toute organisation, différents moyens de financement lui permettent d'assurer un équilibre au niveau de sa structure financière. Un tel équilibre est apprécié à travers l'aptitude de l'organisation à financer ses emplois stables, par ses ressources stables.

Le bilan est une photographie financière de l'organisation. Il représente à un instant « t » quelle est la provenance des ressources financières dont dispose l'organisation (le passif) et quel est leur emploi (l'actif).

Ces ressources sont de deux types :

- Les ressources propres à l'organisation (les fonds propres) : capital, réserves, bénéfices (ou pertes) accumulés d'années en années, provisions ;

- Les dettes envers des tiers : crédit fournisseurs, crédit bancaire, dettes fiscales et sociales.

Plus la part des fonds propres / dettes est élevée, plus l'organisation est autonome financièrement donc solvable.

A l'inverse, plus les dettes sont importantes plus l'organisation est dépendante de tiers pour financer son activité.

Cette dernière peut perdurer seulement si les lignes de crédit fournisseurs et bancaires sont maintenues et augmentent proportionnellement avec la croissance de l'organisation.

L'actif se divise en deux parties :

- L'actif immobilisé : c'est ce que l'organisation détient en « dur » bâtiments, machines, brevets…etc. Il est financé en premier lieu par les fonds propres.

- L'actif circulant : ce sont les emplois court terme générés par l'activité de l'organisation (stock, créances clients, disponibilités)

En rapprochant les ressources financières (propres ou dettes) à leur emploi (immobilisé ou circulant) nous pouvons déterminer la part des fonds propres qui finance l'actif circulant, autrement dit l'activité de l'organisation.

C'est le fonds de roulement (FR).

Le besoin en fonds de roulement (BFR) représente le besoin en trésorerie pour financer l'activité (le cycle d'exploitation). Plus le BFR est financée par le FR, plus l'organisation est pérenne.

Inversement, plus le FR est faible et le BFR financé par les dettes (trésorerie négative), plus l'organisation est fragile et dépend de ses créanciers (banquiers, fournisseurs) pour maintenir et développer son activité.

FR : Fonds de Roulement

Fonds propres - immobilisations nettes.

Le FR doit être positif et suffisamment élevé pour couvrir le BFR.

Si le FR est négatif, cela veut dire que les ressources stables ne suffisent pas à financer les emplois stables (les immobilisations) et l'organisation a recours à du crédit bancaire court terme (dont le renouvellement n'est pas assuré) pour le financer.

Le risque de défaillance est maximal !

BFR : Besoin en Fonds de Roulement

Actifs d'exploitation (stock + créances) - dettes d'exploitation (dettes fournisseurs)

Le BFR représente le besoin de financement de l'exploitation. Celui-ci dépend fortement du secteur d'activité. Par exemple, les organisations industrielles ont généralement un BFR élevé alors que les organisations de grande distribution ont un BFR négatif (elles sont payées par leurs clients avant d'avoir à payer leurs fournisseurs).

Trésorerie nette

FR – BFR

La trésorerie nette est le solde de FR après absorption du BFR. Si le FR couvre le BFR, elle est positive. L'excédent se retrouve en disponibilités (excédent de trésorerie sur un compte bancaire).

Si le FR ne couvre pas le BFR, la trésorerie est négative. Les ressources stables ne suffisent pas à financer l'activité et l'organisation a recours à du crédit bancaire court terme ou du crédit fournisseur pour le financer.

Cette situation est très problématique car l'organisation est dépendante de crédit de trésorerie à court terme dont le renouvellement n'est pas assuré. Le risque de défaillance est élevé !

Attention aux organisations disposant d'une structure financière déséquilibrée avec un FR faible voire négatif et un BFR élevé.

Résultantes d'une mauvaise gestion ou d'un financement trop léger, ces situations rendent ces organisations très risquées quel que soit la volonté des dirigeants de respecter leurs engagements.

Des tensions de trésorerie sont quasiment systématiques et le risque de retards de paiement ou d'impayé est maximal.

Une baisse d'activité, un impayé client ou le désengagement d'un créancier (banque, fournisseur) peut être fatal et mener au "dépôt de bilan".

Chaque cas est particulier et l'évaluation du bilan dépend intrinsèquement du secteur d'activité de l'organisation et du besoin financier qui en découle.

Ainsi, un simple commerce doit financer principalement son stock alors qu'une organisation sidérurgique doit financer des immobilisations très lourdes (équipements, terrains, etc.), du stock et des créances clients.

CHAPITRE 10

LE BUSINESS PLAN

"Dites à tout le monde ce que vous voulez faire et quelqu'un vous aidera à l'accomplir"

- W. Clement Stone -

Un Business Plan a pour fonction de décrire un projet et sa mise en œuvre, à l'intérieur ou à l'extérieur d'une organisation.

On établira un Business Plan pour « vendre » un projet à des parties prenantes internes ou à des investisseurs potentiels.

On établira également un Business Plan pour solliciter une intervention d'un invest ou l'obtention d'un prêt.

Un Business Plan efficace doit être composé au minimum des 6 éléments suivants :

1. L'équipe de Management (du projet, de l'organisation, …) : équipe expérimentée, qualifiée, connectée (entourage) ;

2. Le Business Model : Vision, Mission, Valeurs => Proposition de valeur, marchés cibles, plan marketing, ressources et activités clés ;

3. Les données financières : Analyse rentabilité, scénarios et projections, coûts et investissements, besoins de financement (tableaux financiers) ;

4. L'environnement : Contexte économique, analyse marché et tendances clés, concurrence, … ;

5. La mise en œuvre (déploiement du projet) : Feuille de route, jalons ('milestones') ;

6. L'analyse des risques : Facteurs de menaces et obstacles, facteurs clés de réussite, risques spécifiques.

CHAPITRE 11

L'ATOUT CAPITAL

"L'argent, quand on en manque, c'est un problème. Mais quand on en a, il ne faut surtout pas que ça en devienne un"

- Maxime Le Forestier -

Quels sont les besoins de financement des organisations ?

Le lien entre stratégie et financement est fondamental pour l'organisation.

Toutes les stratégies nécessitent des investissements (une stratégie de croissance entraîne des investissements massifs, une stratégie de diversification nécessite l'achat de nouveaux matériels...).

Une stratégie ne sera mise en œuvre que si l'organisation dispose des moyens pour la financer. L'organisation doit assurer l'adéquation entre la stratégie choisie et les moyens financiers dont elle dispose.

Elle doit estimer les besoins liés au cycle d'exploitation et ceux liés au cycle d'investissement.

Les besoins liés à l'exploitation :

L'organisation a besoin de capitaux pour financer son exploitation : acheter des matières, les stocker, les transformer, stocker les produits finis.

Plus le cycle d'exploitation est long, plus les besoins de financement sont importants.

Comme expliqué dans un chapitre précédent, le besoin en fonds de roulement (BFR) mesure le montant des capitaux investis en permanence dans le cycle d'exploitation. Les stratégies qui visent à stimuler l'activité de l'organisation génèrent une augmentation du BFR qui doit être financé.

Les besoins liés à l'investissement :

Investir est une nécessité pour les organisations qui souhaitent survivre et rester compétitives.

Investir consiste à acquérir des biens durables pour permettre à l'organisation de réaliser son activité et générer des gains ultérieurs.

Les investissements génèrent un besoin de financement de l'investissement.

Quels sont les modalités de financement des organisations ?

L'organisation peut financer ses besoins grâce à un financement interne ou grâce à des ressources financières externes.

Nous distinguons les modalités de financement suivantes :

- L'augmentation de capital : c'est l'accroissement du capital de l'organisation par émission de nouvelles actions ;

- L'autofinancement désigne le financement de l'investissement par des ressources générées par l'organisation au cours d'un exercice comptable. L'organisation doit dégager une capacité d'autofinancement lui permettant de maintenir indépendance, liberté d'action et capacité d'emprunt (cash-flow libre) ;

- L'emprunt obligataire : il s'agit d'un emprunt à long terme (7 à 20 ans) souscrit par des prêteurs qui reçoivent en échange des « obligations » ;

- L'emprunt bancaire et l'ouverture de crédit: la banque met à la disposition de l'organisation des capitaux. L'emprunt est rémunéré par un intérêt et remboursé soit par fractions soit intégralement à l'échéance. Son coût est souvent élevé et des garanties sont souvent exigées par la banque ;

- Le leasing : c'est un contrat de location à durée déterminée portant sur un bien meuble ou immeuble, assorti d'une option d'achat à l'échéance. Ce système permet à l'organisation de disposer d'un bien sans engager de capitaux ;

- L'escompte est une opération de crédit par laquelle une banque rachète à l'organisation des créances avant l'échéance pour un montant diminué d'intérêts. Le recouvrement de la créance est assuré par la banque ;

- Le factoring est pratiqué par des établissements de crédit spécialisés qui prennent en charge les créances moyennant commission. Les factors s'occupent du recouvrement des créances ;

- Les découverts bancaires sont des crédits de trésorerie destinés à faire face aux besoins potentiels des organisations pour équilibrer leur trésorerie (en général très coûteux).

Comment s'effectue le choix d'un mode de financement ?

Le choix du mode de financement dépend de l'objet à financer, du coût et du risque du financement.

- L'objet : un financement stable est nécessaire pour un investissement. Les financements de court terme sont mis en place pour les besoins de court terme liés à l'activité de l'organisation. L'objet est également étroitement lié à la maturité de l'organisation ;

- Le coût : l'organisation cherche à optimiser son opération en minimisant son coût. Le coût d'un financement doit être comparé à la rentabilité prévue ;

- Le risque : plus le risque estimé est important, plus le prix payé par l'organisation pour financer l'opération sera élevé. Le risque est un élément déterminant du coût.

Le graphe ci-dessous présente les différentes sources de financement en fonction de la combinaison risque/maturité de l'organisation.

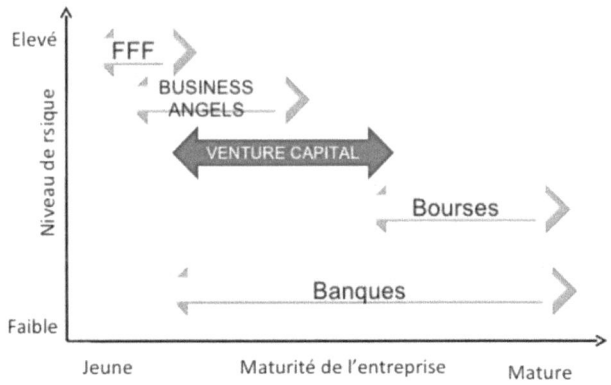

CAPITAL

- « FFF » = Family, Friends & Fools :

  La phase « seed & start-up » est généralement assurée par l'entrepreneur lui-même, sa famille et ses amis ;

- Business Angels :

Il s'agit en général d'(ex)entrepreneurs qui veulent investir dans des organisations prometteuses ou à croissance rapide.

Valeur ajoutée : expérience et expertise

Objectif : plus-value importante lors de l'exit

- Private equity = capital obtenu auprès de tiers (hors bourse) en phase de croissance (ex : invests)

- Venture Capital = intervention d'un acteur de private equity en capital à risque (gros risques => gros rendements)

  Généralement ils restent minoritaires et demandent un mandat d'administrateur ;

- Hedge Funds = acteur de private equity mais investissement court terme, pas de participation active au management, plus spéculatif ;

- Bourse : Marchés publics de capitaux.

QUASI-CAPITAL

- Emprunts subordonnés : contrat de prêt dont le remboursement au créancier est subordonné au paiement préalable d'autres créanciers ;

- Emprunt PIK (Payment In Kind) : crédit caractérisé par le fait que les intérêts ne sont pas systématiquement payés en liquide (capitalisés ou convertibles en titres) – Généralement subordonnés ;

- Emprunt mezzanine : crédit subordonné qui s'intercale entre les capitaux propres et les dettes => subordonné aux dettes financières ;

- Obligations convertibles : obligations qui peuvent être converties ou échangées contre des titres représentatifs du capital de la société (classique ou 'reverse-convertible') ;

- Instruments financiers hybrides : crédit à rémunération variable liée au résultat de l'émetteur. Il s'agit bien de dettes (obligation de remboursement à terme du principal), mais dont la rémunération est liée aux performances financières de l'organisation émettrice.

DETTES BANCAIRES

- Crédit de caisse : crédit qui permet d'aller en négatif jusqu'à un montant donné sur le compte à vue (!! intérêts !!) ;

- Straight Loan (avances à terme fixe) : crédit de court terme spécialement dédié aux besoins de liquidités importants (min. 125 à 150.000 EUR) et ponctuels (max. 12 mois); prélèvements par tirages d'un montant fixe pour une durée connue à l'avance ;

- Crédit d'investissement : avances de fonds destinées à financer un actif immobilisé sur une durée de moyen à long terme (durée d'amortissement) ;

- Crédit Roll Over : le capital emprunté à long terme est mis à disposition sous la forme de prêts à court terme de type 'straight loan' (flexibilité); ouvertures de crédits ;

- Leasing : contrat de location-financement comportant une option d'achat de maximum 15% de la valeur d'acquisition à la fin du contrat (au-delà de 15%, on parle de 'renting').

<u>Enquête publiée dans l'Echo en 2007 :</u>

64% des chefs d'entreprise faillis estiment que les mauvais payeurs sont la cause principale de leur faillite et 25% estiment avoir été victime de collaborateurs et d'associés peu scrupuleux. Les curateurs ont un avis bien différent : la majorité déclarent que nombre de faillites sont le résultat de capitaux insuffisants et d'une mauvaise gestion.

<u>Thèse HEC-ULG 2010 (Nathalie Crutzen) :</u>

Analyse de 200 dossiers de société en difficulté dans l'arrondissement juridique de Liège : 51% des sociétés en difficulté sont classées dans les « Badly-created firms » : sociétés assises dès le départ sur des fondations pauvres et/ou sociétés dirigées par des entrepreneurs avec des compétences managériales insuffisantes.

<u>TRENDS TOP 30.000 (2010) :</u>

« C'est salutaire : le manque de fonds propres est après la mauvaise gestion la deuxième cause de mortalité des entreprises ».

« Préférez-vous avoir une grande part d'un petit gâteau ou une petite part d'un grand gâteau ? »

CHAPITRE 12

LE CONTROLE

« On ne peut pas influencer le souffle du vent mais la position des voiles, oui ! »

- Senèque -

Le contrôle (de gestion) est l'activité visant la maîtrise de la conduite raisonnable d'une organisation en prévoyant les évènements et en s'adaptant à l'évolution, en définissant les objectifs, en mettant en place les moyens, en comparant les performances passées et futures et les objectifs, en corrigeant les objectifs et les moyens.

Le contrôle (de gestion) pense, propose et élabore des outils de gestion au service du management de l'organisation. Il permet de procéder à des évaluations de la performance, c'est-à-dire de l'efficience, de l'efficacité, des synergies, des gains de productivité et de la flexibilité.

Le contrôle (de gestion) permet le contrôle, la mesure, la gestion et l'analyse de l'activité d'une organisation.

Des indicateurs seront suivis (mesurés) ainsi que l'écart de la situation (réelle) avec le but visé (valeur cible, budget à respecter).

Il s'agit d'un contrôle non seulement au sens de vérification (évaluation), mais aussi au sens de pilotage (conduite) (cfr Wikipédia).

Le contrôleur de gestion se trouve placé le plus souvent en position « fonctionnelle », et est rattaché soit directement au Directeur Général (DG) ou au Directeur Administratif et Financier (DAF).

Rattachement au DG :

Cette position est la meilleure solution.

La légitimité du contrôleur de gestion qui ne dispose pas de pouvoir hiérarchique est renforcé par ce bon positionnement. Les préoccupations du contrôleur de gestion sont également plus larges que celles du DAF.

Rattachement au DAF :

Cette solution présente plusieurs inconvénients :

• Le DAF peut constituer un « écran » plus ou moins opaque entre le DG et le contrôleur de gestion ;

• Le contrôleur de gestion porte l'étiquette « direction financière » qui peut rendre plus difficile ses rapports avec les opérationnels eux-mêmes et leurs responsables, car il sera à la fois juge et partie ;

• Les sources d'information seront prioritaires de nature économique et financière au détriment de données opérationnelles (volume, qualité, délai).

Outre les inconvénients, cette position présente un avantage :

Elle permet de résoudre le problème de la communication d'une information, dans le sens où le contrôleur de gestion peut alors la puiser directement à la source.

Le rôle du contrôleur de gestion aujourd'hui se rapproche plus du concept de 'business analyst'.

Ce n'est pas (plus) quelqu'un qui reste derrière son ordinateur à enregistrer des données et à faire des tableaux de bord. C'est plutôt quelqu'un qui se déplace, va voir les équipes opérationnelles et de direction.

Le contrôleur de gestion doit jouer un rôle plus proactif que passif.

La base de son travail reste bien entendu de savoir lire et interpréter un compte de résultats et un bilan (mais sans pour autant être comptable) et d'être capable de déterminer et de suivre les cycles de l'entreprise. Il s'agit du socle de base de sa fonction.

Mais on va aussi lui demander de s'intéresser à l'activité de l'organisation, de la comprendre en montrant une curiosité d'esprit (helicopter view), prendre du recul par rapport aux données chiffrées (savoir les exploiter, les analyser), pour comprendre les tendances, les écarts entre le réalisé et le prévisionnel, et bien au-delà, être dans l'anticipation.

On demande en effet au contrôleur de gestion d'être capable d'anticiper ce qui risque de se passer dans l'organisation.

Pour cela, il est nécessaire qu'il soit proche des activités, des opérationnels, et montrer une curiosité d'esprit afin d'apporter une réelle valeur ajoutée proactive et anticipative.

En ces temps de turbulences économiques, l'entrepreneur a plus que jamais besoin d'avoir une vue claire sur son organisation et sur ses processus. Une vue claire passe par le contrôle de ses données tant financières que non financières.

La plupart des sociétés ont un processus comptable qui fonctionne mais dont on retire trop peu d'information. L'information arrive, mais souvent beaucoup trop tard.

Pour améliorer sa performance, l'organisation doit augmenter la maîtrise de ses données financières et non financières.

La maîtrise des données doit se faire en se concentrant sur 4 piliers que sont : le contenu, l'organisation, l'automatisation et la présentation.

L'évolution de cette maîtrise se fait par étape *(source BDO)* :

D'abord mettre en place un reporting financier adapté (stade de maturité 1), ensuite un Dashboard (stade de maturité 2) permettant de suivre l'exécution de la stratégie et enfin un outil de pilotage, le « Management Cockpit » (stade de maturité 3).

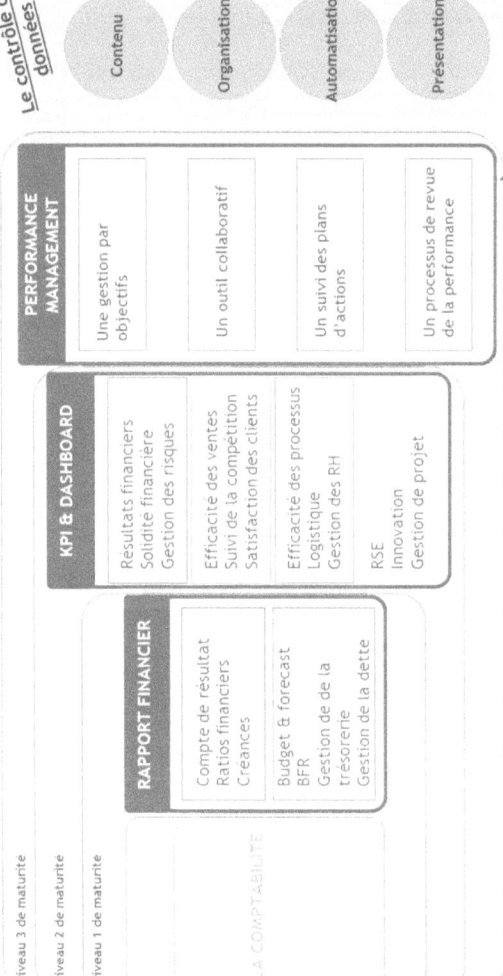

Le contrôle des données

- Contenu
- Organisation
- Automatisation
- Présentation

Niveau 3 de maturité

Niveau 2 de maturité

Niveau 1 de maturité

LA COMPTABILITÉ

RAPPORT FINANCIER

Compte de résultat
Ratios financiers
Créances

Budget & forecast
BFR
Gestion de la trésorerie
Gestion de la dette

KPI & DASHBOARD

Resultats financiers
Solidite financière
Gestion des risques

Efficacité des ventes
Suivi de la compétition
Satisfaction des clients

Efficacite des processus
Logistique
Gestion des RH

RSE
Innovation
Gestion de projet

PERFORMANCE MANAGEMENT

Une gestion par objectifs

Un outil collaboratif

Un suivi des plans d'actions

Un processus de revue de la performance

Du rapport .... à la gestion de la performance

Les indicateurs clé de performance, ou plus généralement appelés KPI (anglais : Key Performance Indicator), sont des indicateurs mesurables d'aide décisionnelle.

Les indicateurs clefs de performance sont utilisés dans la présentation de tableaux de bord de gestion et trouvent également leur place dans les tableaux de bord stratégiques car ils évaluent généralement l'atteinte d'un objectif stratégique ou d'un élément qui y concourt.

Un KPI permet de mesurer les progrès vers la réalisation d'un objectif organisationnel ou opérationnel.

C'est un moyen :

- D'évaluer la performance
- De réaliser un diagnostic
- De communiquer
- D'informer
- De motiver
- De progresser en permanence

Un KPI pertinent est :

- Spécifique
- Mesurable
- Atteignable
- Orienté résultat
- Évaluable sur la durée

CHAPITRE 13

LA GESTION DES RISQUES

" Le plus grand risque est de n'en prendre aucun… Dans un monde qui évolue très rapidement, la seule stratégie qui vous mènera à l'échec est celle consistant à ne jamais prendre de risque "

- Mark Zuckerberg-

La gestion des risques (ou contrôle interne) est un processus intégré mis en œuvre par le Management Stratégique et opérationnel et l'ensemble des collaborateurs destiné à fournir une assurance quant à la réalisation des objectifs de l'organisation.

La pratique de la gestion du risque a évolué depuis quelques années :

Passé	=>	Présent
Risques assurables et financiers : "Gestion des risques aléatoires"	=>	Risques opérationnels, stratégiques, financiers et assurables : "Gestion des risques d'Entreprise"
Priorité à la préservation des "actifs matériels"	=>	Reconnaissance de la valeur des "actifs intangibles"
Chaque département gère individuellement ses propres risques "Silos"	=>	Coordination au niveau supérieur de l'Entreprise : approche coordonnée
Risk Management = Fonction distincte dans l'organisation	=>	Risk Management est l'affaire de tous : approche intégrée dans le processus opérationnel
Focalisation sur les événements négatifs : risques = menaces	=>	Reconnaissance de toutes les incertitudes de l'entreprise : risques = menaces et opportunités

La réussite d'une entreprise dépend de sa faculté de pouvoir, mieux que son concurrent, « prendre » les risques et « gérer » les événements inattendus.

> *« Since the company's goal is to create the highest risk-adjusted returns for shareholders, a careful analysis of risk can help determine what business to enter or exit»*
>
> *- Richard Osborn, CRO Duke Energy -*

Comment ?

- Identifier
- Analyser
- Gérer
- Piloter et Communiquer

Identifier et analyser :

L'organisation a besoin d'estimer le risque dans deux dimensions : impact et probabilité.

Prenons l'exemple du train et mesurons l'impact d'un train en retard par rapport à l'impact d'un train qui déraille.

Un train en retard a un impact modéré sur celui qui le subit.

Par contre, un train qui déraille aura sans doute un impact catastrophique.

Nous pouvons croiser cette « notation » avec la probabilité de survenance du risque.

Un déraillement est rare donc la probabilité est très faible. Par contre, un retard de train est presque certain de nos jours, la probabilité est donc haute.

Le train en retard obtiendra un score croisé plus élevé qu'un train qui déraille via cette analyse.

Ensuite, l'organisation doit gérer, piloter et communiquer les risques identifiés et analysés.

CHAPITRE 14
LA CROISSANCE ET
LE CHANGEMENT

" Le secret du changement consiste à concentrer son énergie pour
créer du nouveau, et non pas pour se battre contre l'ancien. "

- Dan Millman -

La croissance d'une organisation, c'est l'augmentation de sa taille.

Cette évolution se mesure dans le temps par différents indicateurs :

- augmentation de la capacité de production
- accroissement du chiffre d'affaires
- hausse du bénéfice
- élargissement des parts de marché
- augmentation des effectifs
...

Tout dirigeant a la volonté de développer son activité.

Il s'agit pour lui d'un choix stratégique qui nécessite de fixer des objectifs précis et de définir des modalités de croissance adaptées.

Les objectifs de la croissance

Les dirigeants qui engagent un processus de croissance de leur organisation visent plusieurs objectifs :

- Augmenter l'efficacité de la production grâce à la réalisation d'économies d'échelle

- Atteindre une taille suffisante pour se maintenir face à ses concurrents

- Renforcer le pouvoir de négociation vis-à-vis de ses partenaires

- Créer une synergie dans le cas d'une croissance externe.

Les modalités de la croissance

Une organisation peut développer son activité selon deux modalités : la croissance interne ou la croissance externe.

La croissance interne :

Elle s'effectue à l'intérieur de l'organisation, par la réalisation d'investissements destinés à accroître les capacités productives (par l'achat de nouvelles machines ou la construction de nouvelles usines), commerciales (par l'ouverture de magasins ou le renforcement du réseau de distribution propre), ou le potentiel de recherche (augmentation des dépenses en R&D).

L'organisation peut recourir à l'autofinancement ou au financement externe pour développer son activité actuelle ou diversifier sa production.

La croissance interne est privilégiée par les PME dont les moyens financiers sont parfois limités. Ces organisations sont soucieuses de limiter les risques et de conserver le contrôle de leurs décisions.

Les grandes organisations ont aussi recours à ce mode de croissance lorsqu'elles souhaitent développer leur activité tout en conservant leur autonomie ou lorsque la conjoncture économique n'est pas très favorable.

La croissance externe :

Elle s'opère par l'achat ou le regroupement d'organisations et le développement d'accord de partenariat entre organisations. Elle s'effectue selon des modalités juridiques variables :

- La fusion simple : deux organisations fusionnent pour n'en faire qu'une qui porte un nom différent ou associant les deux noms d'entreprise (ex : Suez et Gaz de France pour devenir GDF - Suez)

- La fusion absorption : deux entreprises fusionnent mais l'organisation absorbée disparaît dans l'organisation absorbante

- La prise de participation : une organisation entre au capital d'une autre en apportant des capitaux frais

- Les alliances : deux organisations créent une filiale commune dont elles en partagent le capital (ex : L'OREAL et NESTLE ont une filiale commune qui développe des cosmétiques)

LES CONSÉQUENCES DE LA CROISSANCE

Mode de croissance	Avantages	Limites
Croissance interne	• Maîtrise du processus de croissance dans un domaine connu • Indépendance préservée • Évolution progressive de la structure de l'entreprise • Maintien d'un bon climat social et plus grande motivation du personnel	• Nécessité de capitaux propres importants ou recours à l'endettement • Difficultés à s'adapter aux évolutions du marché • Lenteur de la mise en place
	Mode de croissance adapté aux PME - PMI	
Croissance externe	• Utilisation immédiate des nouveaux moyens de production et des compétences • Processus de croissance rapide • Réduction des risques par la diversification • Limitation de la concurrence	• Besoins importants de capitaux • Désorganisation possible • Risque de gestion confuse • Détérioration du climat social en cas de réduction des effectifs
	Mode de croissance choisi le plus souvent par les grandes entreprises	

Pour se développer, toute entreprise doit être capable non seulement de changer de stratégie, mais aussi d'adapter sa structure, de changer ses outils et ses processus de management ainsi que le comportement des équipes.

Hormis en cas de monopole, une organisation qui ne change pas alors que son environnement évolue est condamnée à plus ou moins court terme.

En revanche, développer une forte compétence collective en matière de changement peut permettre de survivre mais aussi de réaliser un avantage concurrentiel (cfr objectifs du management stratégique).

Une telle compétence n'est pas facile à développer.

Le changement repose sur des processus complexes et exige une connaissance fine des logiques d'une entreprise : logique économique, organisationnelle et politique.

Quand les organisations entament des programmes de changement réellement ambitieux, elles connaissent souvent des échecs.

« Ce n'est pas parce que c'est difficile que nous n'osons pas, c'est parce que nous n'osons pas que c'est difficile »

- Sénèque-

CHAPITRE 15

LA RUPTURE ET L'ECHEC

" C'est dur d'échouer, mais c'est pire de n'avoir

jamais essayé de réussir. "

- Dan Millman -

En Belgique, les faillites laissent chaque année un découvert de quelques milliards d'euros.

Plus de 10 000 faillites par an sont recensées.

Une société d'assurance-crédit a dressé la liste des 10 principaux facteurs susceptibles de provoquer une faillite.

1. Situation économique / Recul de la demande

Une grande partie des faillites enregistrées en Belgique découle de la crise économique.

Nous sommes clairement, et depuis plusieurs années, dans le creux de la vague.

La confiance des consommateurs est faible, le chômage augmente.

Les pouvoirs publics, tout comme les consommateurs, ménagent leurs dépenses, ce qui a des conséquences sur l'ensemble de la demande en produits et services.

Moins de demandes signifient moins de revenus, d'où problèmes.

2. Manque de vision / marché changeant

La baisse du nombre de commandes n'est pas uniquement inhérente à la crise économique, mais souvent, également, à un manque de vision.

Car tout entrepreneur doit être capable de pressentir les évolutions du marché. Lorsque celui-ci change, ne serait-ce que pour des raisons externes comme une récession économique ou l'arrivée d'un concurrent, l'entrepreneur se doit de réagir et d'adapter son business plan.

Autrement dit, il doit explorer de nouveaux marchés ou de nouveaux débouchés.

3. Mauvaise gestion

Ce n'est pas vraiment une surprise: la mauvaise gestion et les abus demeurent deux des principales causes de faillites.

Parce que lorsqu'il faut prendre des décisions délicates, tout entrepreneur peut commettre des erreurs.

Celles-ci ont, parfois, de graves conséquences. Il faut également y voir un chevauchement avec le manque de vision, déjà évoqué au point 2.

« Il y a ceux qui pensent et ceux qui font. Les pires sont les penseurs qui pensent qu'ils font »

- Anonyme -

4. Mauvaise gestion des fonds de roulement

Très souvent, les entrepreneurs n'ont pas de vision globale des paiements entrants et sortants.

Comme si l'informatique n'existait pas, certains n'ont encore aucune idée de leur situation financière réelle. Cet état de fait est confirmé par plusieurs curateurs qui assurent que beaucoup d'entrepreneurs en faillite ont manqué de vision financière.

Un entrepreneur incapable de compter juste va droit dans le mur. Il est donc important de veiller au paiement de ses propres factures et de ne pas patienter trop longtemps avant de faire appel à un spécialiste, par exemple un bureau de recouvrement, si le paiement tarde trop.

« Un entrepreneur qui n'aime pas l'argent s'est trompé de métier »

- Gauthier Louette -

5. Capital insuffisant / crédits bancaires moins accessibles

Que ce soit pour l'achat de produits ou les investissements à long terme, les moyens financiers sont indispensables aux affaires.

Pas de problème tant que le chiffre d'affaires demeure supérieur aux coûts et aux dépenses.
Mais des coûts élevés et trop de charges fixes peuvent miner une entreprise si son patron se voit incapable de les diminuer rapidement lorsque le besoin s'en fait sentir.

On songe par exemple aux biens immobiliers inexploités ou à des stocks trop importants.

Le refrain est connu: ils peuvent vieillir rapidement et perdre de leur attrait, pour devenir difficilement vendables (ou moyennant fortes ristournes).

Aujourd'hui, il n'est guère facile d'obtenir un nouveau crédit ou une rallonge sur des facilités de crédit existantes: les banques et les investisseurs externes ne sont pas prompts à financer des problèmes de liquidités, fussent-ils temporaires.

Et certainement pas dans les secteurs qui se portent moins bien ou pour lesquels les perspectives sont moins encourageantes.

6. Ne pas licencier les fidèles collaborateurs

En fait, cette cause dépend aussi des coûts fixes élevés signalés au point précédent. Il est toujours terriblement fastidieux et difficile de se séparer (d'une partie) de son personnel, mais parfois, une réorganisation s'impose.

Il s'agit, alors, d'opérer des choix délicats, afin d'assurer la rentabilité et par conséquent la pérennité de son organisation.

7. Fraude

On a constaté ces dernières années une nette hausse du nombre de fraudes, impliquant le recours à des sociétés existant depuis longtemps (et ayant une position financière apparemment saine). Presque toujours s'ensuit une faillite laissant des comptes de fournisseurs impayés.

Dans d'autres cas, plus rares, les opérateurs peu scrupuleux ont recours à de fausses organisations (dirigées par des hommes de paille) pour commander des biens de consommation, dont la livraison est demandée sur des sites très suspects.

8. Mauvais payeurs ou faillite de clients

En période de crise économique, il est fréquent qu'une faillite en provoque d'autres, lorsque des créances sur des clients débiteurs doivent être passées aux pertes et profits.

L'impact sur le résultat de l'organisation et ses liquidités s'avère alors énorme.

Dans certains cas, cela peut même mettre en péril la continuité de l'organisation.

9. Incapacité de travail et autres circonstances imprévues

Cela reste assez rare, mais c'est souvent une situation très malheureuse.

Lorsque l'entrepreneur n'est plus en mesure d'exécuter ses tâches quotidiennes, suite à une incapacité de travail, la faillite en est souvent la triste conséquence.

Un incendie ou un vol peut également amener des effets déplorables, en particulier si l'entrepreneur n'a pas suffisamment de capital directement disponible et/ou se voit insuffisamment assuré.

10. Faillite de la société holding, de la maison mère ou de l'organisation sœur

Certains entrepreneurs enregistrent de bons résultats, mais sont happés dans la spirale de la faillite par une autre organisation du groupe.

Il en va ainsi lorsqu'une société mère ou sœur bascule, emportant les autres firmes du groupe dans son sillage.

CHAPITRE 16

LA CREATION D'ENTREPRISE

"La création d'une entreprise est un voyage, pas une destination. Chaque étape, de l'idée initiale à la croissance et à l'expansion, est une opportunité d'apprendre et de s'améliorer."

- Anonyme -

Un guide entier serait nécessaire pour accompagner un entrepreneur qui souhaite créer sa société.

Voici une énumération des étapes principales.

• **Idée :**

  o   D'autres ont-ils eu une même idée avant ?
  o   Quelle est l'originalité de votre idée ?
  o   Comment pouvez-vous protéger votre idée (brevets, droits d'auteur) ?

• **Projet :**

  o   Pourquoi créer son entreprise ?
  o   Quels sont vos objectifs à court et long terme ?
  o   Quelle est votre vision et mission ?

- **Étude de marché :**

  o Qui est le client ?

  o Quel besoin répondez-vous ?

  o Où se trouve-t-il ?

  o Qui sont vos concurrents et comment vous différenciez-vous ?

- **Prévisions financières :**

  o Comment allez-vous générer des revenus (activités) ?

  o Avec qui allez-vous collaborer (partenaires) ?

  o Quelles ressources sont nécessaires (humaines, matérielles, financières) ?

  o Quels sont vos coûts prévisionnels et vos marges ?

- **Financement :**

  o Quelles ressources financières sont disponibles ?

  o Avez-vous envisagé le financement par la famille, les amis et les fous (FFF) ?

  o Quelles autres sources de financement pouvez-vous explorer (prêts, investisseurs, subventions) ?

- **Statut juridique :**

  o Quel statut choisir (auto-entrepreneur, SARL, SAS, etc.) ?

  o Pourquoi ce statut est-il le plus adapté à votre projet ?

  o Quelles sont les implications fiscales et sociales de ce statut ?

• **Formalités :**

  ○ Quelles sont les démarches administratives à accomplir (immatriculation, licences, permis) ?
  ○ Quels sont les délais et coûts associés à ces démarches ?

• **Installation :**

  ○ Est-ce que tout est en place pour démarrer (locaux, équipements, personnel) ?
  ○ Avez-vous mis en place les systèmes nécessaires (comptabilité, gestion des stocks, etc.) ?

• **Démarrage :**

  ○ Comment allez-vous lancer votre entreprise (stratégie de lancement, marketing) ?
  ○ Quels sont les premiers objectifs à atteindre ?
  ○ Comment allez-vous mesurer le succès initial et ajuster votre stratégie en conséquence ?

La création d'une entreprise est un voyage complexe et enrichissant, nécessitant une planification minutieuse, une étude approfondie et une détermination sans faille à chaque étape, de l'idée initiale au démarrage réussi.

SECTION 3

ET DEMAIN ?

Comment créer de la valeur

dans un monde aux ressources limitées ?

CHAPITRE 17

MANAGEMENT STRATÉGIQUE

ET

DÉVELOPPEMENT DURABLE

" Nous n'avons pas hérité la Terre de nos ancêtres, nous l'empruntons à nos enfants."

- Lester R. Brown -

Le Management Stratégique est la porte d'entrée prioritaire pour inscrire une entreprise sur la voie du durable.

Pourquoi ?

- Le développement durable impacte les quatre piliers du Management Stratégique;

- Les thèmes rattachés directement au développement durable (enjeux climatiques, raréfaction des ressources, crise financière, économique et sociale, pauvreté au Sud, chômage au Nord, enjeux de santé publique, …) agissent profondément sur la compétitivité des organisations;

- La construction du business model et la configuration des ressources et compétences déterminent les processus de création, de distribution et de capture de la valeur. Afin d'intégrer le développement durable dans cette création de valeur, il est nécessaire de l'intégrer dans le Management Stratégique (qui, pour rappel, construit le business model et configure les ressources et compétences) ;

- Au cœur du développement durable réside la notion de responsabilité et d'ouverture aux autres parties prenantes, internes et externes. Or, l'objectif ultime du Management Stratégique est bien de satisfaire ses parties prenantes.

⇒ *Il est important de réfléchir aux conditions d'une* **intégration** *réussie du développement durable au sein de l'organisation.*

Une première condition consiste à évaluer l'impact du développement durable sur la stratégie de l'organisation.

En agissant comme une **force de changement de l'environnement**, le développement durable questionne la structure d'un secteur, son design dominant, sa dynamique concurrentielle.

Le développement durable est susceptible de mettre en cause le business model d'une organisation, son positionnement stratégique et son périmètre d'activités.

Le développement durable rappelle la nécessité de rompre avec les paradigmes du passé, fondés sur un environnement stable et prédictif.

L'**instabilité** et l'**incertitude** qui caractérisent l'environnement économique actuel appellent de nouvelles configurations organisationnelles et de nouvelles pratiques offrant de réelles **convergences avec le développement durable**.

Une deuxième condition est néanmoins nécessaire : celle de l'**audace** et du **courage** du dirigeant pour se sortir et **sortir son organisation de la zone confortable** du périmètre connu, du business model ayant fait ses preuves et des méthodes de management classiques.

Les dirigeants qui les premiers auront l'audace de prendre ce virage prépareront durablement leur organisation à affronter les défis de l'avenir.

CHAPITRE 18

LES IMPASSES DES BUSINESS MODELS ACTUELS

" Les entreprises échouent souvent parce qu'elles continuent à investir dans des modèles d'affaires qui ont fonctionné dans le passé, mais qui ne sont plus pertinents dans un environnement en constante évolution."

- Clayton Christensen -

Les business models actuels suivent presque tous une logique de volume, considérant que la seule voie de croissance est de réaliser plus de volume (produire et vendre plus de produits, prester et facturer plus de services…).

Ces business models mènent à une série d'impasses :

- *Produire plus de valeur nécessite l'utilisation de plus de ressources matérielles*

Exemple : produire plus de voitures nécessite plus d'acier (ressources limitées) ;

- *Compétitivité « valeur » versus compétitivité « coûts »*

Concurrence des pays à bas salaires

Exemple : Moteurs Rolls Royce (fiabilité et valeur) pour avions et Ryanair (réduction des coûts pour prix de vente agressifs)…

L'un empêche l'autre…

- *Le business model actuel est un frein à l' « innovation durable »*

Réduction des volumes quand on développe des produits plus « performants »

Exemple : L'innovation durable permet de réduire le prix des produits et/ou d'augmenter les performances, ce qui entraine une diminution des ventes et des prix…

- *Obsolescence programmée*

En allongeant la durée de vie d'un produit, l'entreprise risque de se priver ou de retarder le marché de remplacement.

L'obsolescence programmée est une stratégie malheureusement courante pour les organisations consistant à planifier « la mort prématurée » de leurs produits. Cela oblige les consommateurs à en acheter de nouveaux.

L'obsolescence programmée ou planifiée est le processus par lequel une organisation met en place dès la conception du produit une stratégie visant à diminuer la durée de vie du produit ou l'attractivité de celui-ci.

Elle crée ainsi en permanence chez le consommateur un besoin de racheter un nouveau produit en substitution.

Autrement dit, ces produits de consommation, souvent des produits high-tech, sont prévus pour ne plus fonctionner ou être passés de mode après un certain temps (court) d'utilisation afin de forcer le consommateur à les remplacer.

Cette technique est particulièrement utilisée par les constructeurs d'appareils électroniques (ordinateurs, téléphones, consoles, etc.) et électroménagers.

L'obsolescence programmée est double :

- Elle peut être « fonctionnelle », lorsque le produit finit par ne plus répondre aux nouveaux usages attendus, pour des raisons techniques (exemple incompatibilité avec de nouveaux équipements), réglementaires et/ou économiques.

- Elle peut être « d'évolution » lorsque le produit finit par ne plus répondre aux envies des utilisateurs qui souhaitent acquérir un nouveau modèle du fait d'une évolution de fonctionnalité ou de design.

L'iPhone, avec la sortie de ses différentes versions, en apporte un parfait exemple…

Exemples : Télévisions (impossibilité de réparer) – Iphone (social / mode)

- *Appauvrissement du territoire local et de la population consommatrice*

Marchés « saturés »

Exemple : volumes réduits donc fuite des organisations

- *Autres externalités environnementales et sociales négatives*

Exemple : ne pas tenir compte de tout ce qui sort du cadre règlementaire => burn-outs, suicides, …

Comment sortir de ces impasses ?

Les chapitres suivants vont nous emmener au travers de solutions qui concourent vers ce même objectif : créer de la valeur avec des ressources limitées.

Nous évoquerons successivement :

- L'éco-efficience et l'écoconception
- L'économie circulaire
- L'économie de la fonctionnalité

CHAPITRE 19

L'ECO-EFFICIENCE ET L'ECOCONCEPTION

" Le design durable est l'art de concevoir des produits et des systèmes qui améliorent la qualité de vie tout en respectant les écosystèmes naturels."

- William McDonough -

Éco-efficience :

= Consommer moins de ressources pour atteindre le même résultat

⇒ Réduire les impacts sur l'environnement

= L'efficacité avec laquelle les ressources naturelles (minérales, énergétiques et biologiques) sont utilisées par les systèmes industriels de production et de consommation pour répondre aux besoins de l'être humain, à des prix compétitifs, tout en veillant à réduire les incidences pour l'environnement qui y sont liées.

Écoconception :

= L'application du principe d'éco-efficience au sein d'une organisation qui appelle à repenser la conception d'un produit ou d'un service en vue d'en diminuer l'impact environnemental.

Outre un indispensable questionnement sur la raison d'être du projet et sur sa légitimité dans le cadre de la recherche de création de valeur, l'écoconception repose sur un cahier des charges particulier :

Un produit éco-conçu doit :

- Être adapté à son usage : son design va le rendre le plus efficace possible;

- Réduire l'intensité en matériaux et minimiser l'utilisation de ressources non renouvelables;

- Réduire l'intensité énergétique;

- Minimiser les composants toxiques ou les remplacer lorsque c'est possible;

- Être fiable et utile et être conçu pour durer (rompt avec l'obsolescence programmée)

- Être facile à entretenir, voire à réparer et favoriser la « recyclabilité »

- Minimiser son impact environnemental sur l'ensemble de son cycle de vie

L'écoconception présente des impacts non négligeables sur la matrice du business model de l'organisation mais elle ne révolutionne pas le business model.

En effet, le centre de gravité du business model ne change pas.

La proposition de valeur est enrichie, des nouvelles ressources et des nouvelles activités doivent être mobilisées et déployées ainsi que de nouveaux partenariats.

Néanmoins, la logique volume reste d'application et bon nombre de limites et d'impasses restent présentes.

CHAPITRE 20

L'ECONOMIE CIRCULAIRE

" L'économie circulaire nous invite à repenser notre relation avec les ressources et à imaginer un monde où rien ne se perd, tout se transforme."

- Ellen MacArthur -

Le modèle de production et de consommation qui prévaut depuis la révolution industrielle repose sur des ressources naturelles abondantes et un schéma linéaire.

L'économie circulaire vise à transformer un déchet en ressource productive.

Dans une économie circulaire, tous les matériaux utilisés dans la fabrication d'un produit sont récupérés, traités, recyclés et réintégrés au maximum dans le cycle de production sous forme de matières premières secondaires et/ou d'énergie.

De cette manière il est possible de prévenir l'utilisation excessive de ressources naturelles épuisables.

C'est dès la phase de conception d'un produit qu'il faut anticiper sa contribution à une économie circulaire, en considérant non seulement le potentiel de recyclage des matériaux qui le composent mais aussi les modes de fabrication, de distribution , d'utilisation, de collecte du produit en fin de vie et enfin de traitement en vue de favoriser la réutilisation maximale des matières premières.

Lorsqu'un produit ou tous ses composants sont « revalorisables », le cycle de l'économie circulaire est bouclé.

Un déchet gagne à être reconsidéré en tant que matière à valoriser, bien au-delà du seul prisme du recyclage.

Ainsi, les « extrants » de toute activité, de tout processus de production ou de consommation devraient être observés avec intérêt pour imaginer s'ils ne recèlent pas une valeur cachée.

Une telle valorisation présuppose des changements radicaux puisqu'une gestion efficace d'un produit en fin de vie doit en effet s'imaginer dès sa phase de conception.

Le changement doit également s'opérer au niveau des processus de production et de consommation en favorisant des flux circulaires de matières et d'énergie.

Un tel chantier présuppose un engagement total de la direction car certains éléments du business model peuvent être particulièrement impactés.

CHAPITRE 21

L'ECONOMIE DE LA FONCTIONNALITÉ

"Nous devons passer d'une économie de la possession à une économie de l'usage, où la valeur réside dans l'accès et l'expérience plutôt que dans l'accumulation des biens."

- Michel Serres -

L'économie de la fonctionnalité est un modèle économique qui privilégie l'usage des biens et des services plutôt que leur possession.

Au lieu de vendre un produit, une organisation propose un service qui permet aux clients d'utiliser ce produit sans l'acheter.

Par exemple, au lieu d'acheter une voiture, vous payez pour son usage via un service de location ou de partage.

Ce modèle vise à réduire les déchets et à maximiser l'efficacité des ressources en prolongeant la durée de vie des produits et en encourageant leur réutilisation.

« Favoriser l'usage plutôt que la possession »

L'économie de la fonctionnalité est la substitution de la vente d'un service à celle d'un produit.

Elle met en avant l'usage du bien et non sa propriété. Ainsi, davantage de liens sont créés et partagés.

L'économie de la fonctionnalité améliore la durée de vie et le taux d'utilisation d'un service, tout en limitant les impacts sur l'environnement.

Deux niveaux :

- Niveau 1 : Le modèle « serviciel » centré sur l'usage

- Niveau 2 : Le modèle de solution intégrée centrée sur le résultat

*Niveau 1 : Le modèle « serviciel » centré sur **l'usage** :*

Il désigne le fait de ne plus vendre un bien, mais de le mettre à disposition de ses clients cibles moyennant facturation à l'usage.

Ce passage au modèle de service permet d'envisager d'une nouvelle manière le cycle de vie de l'équipement, ainsi que les conditions d'accessibilité à son usage.

Les gains environnementaux et sociaux liés à cette approche peuvent relever de deux dimensions :

- Ils peuvent, d'une part, être liés à une organisation circulaire des flux de matières (passage à un modèle relevant de l'économie circulaire), ce qui rend avantageux le recours à l'écoconception et à l'éco-efficience ;

- Ils peuvent, d'autre part, conduire à améliorer l'usage et étendre les gains environnementaux aux gains sociaux tant internes qu'externes à l'organisation.

Exemple 1 : en passant d'un modèle de vente de pneumatiques aux transporteurs routiers professionnels à un modèle de mise à disposition de pneumatiques facturés aux kilomètres parcourus par les camions, **Michelin** a multiplié par 2,5 la durée de vie des pneus tout en augmentant son chiffre d'affaires et ses bénéfices (depuis 2001…).

Exemple 2 :la société **Xerox** a décidé depuis de nombreuses années déjà de ne plus vendre de photocopieurs mais de les mettre à disposition de leurs clients moyennant une facturation à l'usage. Restant propriétaire des appareils, ces derniers ont été reconçus sur le principe de la « démontabilité - réparabilité – récupérabilité » de telle sorte que les nouvelles générations de machines sont aujourd'hui composées de 70 à 90 % des composants des anciennes machines. Cela génère d'importants gains environnementaux traduits par d'importants gains financiers.

*Niveau 2 : Le modèle de solution intégrée centrée sur **le résultat** :*

Il désigne l'offre de solutions qui intègrent des produits et des services de telle manière que le nouveau périmètre d'activité soit en mesure de prendre en charge des externalités environnementales et sociales qui préalablement étaient subies de manière négatives par certaines catégories d'acteurs.

C'est le changement de périmètre d'activités et d'acteurs engagés dans la réalisation de « la solution intégrée » qui permet de prendre en charge ces externalités négatives.

La dynamique productive engagée a tendance à réduire les ressources matérielles mobilisées et à augmenter les ressources immatérielles.

Cette approche de la dynamique économique change le rapport des organisations aux territoires d'un côté, la dimension humaine du travail de l'autre, en renouvelant l'approche de la coopération.

Ce niveau 2 est plus prometteur dans sa capacité à prendre en charge des externalités environnementales ou sociales négatives.

Il s'appuie sur deux registres : la mobilisation de ressources immatérielles et les dynamiques de coopération.

Exemple 1 : Pressentant une pression réglementaire croissante sur les solvants chlorés allant jusqu'à leur interdiction pure et simple compte tenu de leur dangerosité, un grand groupe a décidé d'innover en créant une filiale **Safechem**. En lieu et place de la vente de solvants chlorés, Safechem s'est spécialisé dans la mise à disposition d'une solution intégrée de dégraissage de pièces mécaniques, soit le résultat traditionnellement atteint par l'utilisation des solvants. Cette évolution majeure du business model a permis de passer d'une vente moyenne de 754 kg de solvants par client (avec des émissions s'élevant à 520 kg et des déchets à 233 Kg) à l'utilisation de 4 kg de solvants en moyenne par client (les émissions passant de ce fait à 1 Kg et les déchets à 3 Kg). Cela s'est accompagné de revenus en hausse et d'une meilleure marge financière.

Exemple 2 : Plutôt que de vendre des pesticides, la société **Koppert** vend une solution intégrée de protection dont la tarification repose sur la surface (en Ha) protégée. Ne liant plus leur revenu à un volume, elle a fortement innové sur les modes de protection grâce aux auxiliaires (insectes prédateurs de parasites par exemple). Elle a ainsi pu déployer et monétiser un service plus durable et plus soutenable pour les cultures et les agriculteurs

L'économie de la fonctionnalité est un des moyens de réconcilier l'économie et le développement durable, car :

- Elle a un *bénéfice environnemental, social et économique* : moindre pollution et moindre consommation de ressources naturelles à service égal ou amélioré, prise en charge d'externalités environnementales ou sociales négatives, création d'externalités environnementales ou sociales positives, gains économiques, impact positif sur la relocalisation de l'emploi. Elle découple la génération de revenu de la consommation de ressources et d'énergie.

- Elle met à mal le principe *d'obsolescence programmée*. Une économie et des business models d'organisation fondés sur un volume de produits à vendre, à fortiori dans des économies saturées tirées par les marchés de remplacement, ne valorisent pas les produits qui durent longtemps. Dans un tel contexte, un produit doit durer suffisamment longtemps pour être compétitif face à ses concurrents, mais pas trop car il retarde le rachat de remplacement. Aucun incitant donc à faire durer les produits le plus longtemps possible.

À l'inverse, par opposition aux principes qui prévalent dans une logique de volume, la vente d'un service sans transfert de propriété du bien rend cette fois vertueux la mise à disposition d'un produit durant longtemps.

Lorsque **Xerox** met ses photocopieurs à disposition de ces clients, ils produisent un revenu tant qu'ils sont chez le client. L'intérêt économique vise cette fois à les faire durer le plus longtemps possible.

De la même manière, lorsque *Safechem* vend un service de dégraissage de pièces mécaniques, le solvant utilisé pour ces opérations devient un coût qu'il convient de minimiser. L'intérêt économique vise cette fois à limiter au maximum l'utilisation de cette ressource.

Le modèle de l'économie de la fonctionnalité est maintenant suffisamment conceptualisé et expérimenté pour que les organisations en deviennent des acteurs ; elles peuvent désormais concilier responsabilité écologique et rentabilité économique.

Au niveau de l'organisation, le passage à l'économie de la fonctionnalité présuppose la mise en place d'un nouveau business model, c'est-à-dire d'une nouvelle architecture de création, de distribution et de capture de la valeur.

Cette innovation est donc une *innovation stratégique* importante nécessitant la pleine adhésion de la direction générale de l'organisation.

EPILOGUE

"Les plus belles années d'une vie sont celles que l'on n'a pas encore vécues"

- Victor Hugo -

Ce guide avait pour ambition de répondre à trois questions clés :

- Qu'est-ce que le Management Stratégique et quels facteurs l'influencent ?

- Quels sont les éléments clés du Management Stratégique qui influencent le succès ou l'échec d'une organisation ?

- Comment créer de la valeur dans un monde aux ressources limitées ? (Et Demain ?)

Au travers des trois sections proposées, j'ai évoqué différents concepts, tenté quelques définitions et surtout jalonné les chapitres de nombreux exemples pratiques.

J'ai l'impression que ce guide a atteint son objectif.

J'espère qu'il vous a plu et, peut-être, qu'il vous aura été utile dans le cadre de votre formation ou occupation professionnelle.

Merci de m'avoir lu.

T A B L E

Au programme

Section 1 – La Théorie

    Chapitre 1 – La Stratégie

    Chapitre 2 – Le Management

    Chapitre 3 – La confiance

    Chapitre 4 – La capture de la valeur

    Chapitre 5 – Le Business Model Canvas

    Chapitre 6 – Les 9 blocs du BMC

    Chapitre 7 – L'environnement

    Chapitre 8 – Le Manager

Section 2 – La Pratique

    Chapitre 9 – L'organigramme

    Chapitre 10 – La structure financière

    Chapitre 11 – Le Business Plan

    Chapitre 12 – Le contrôle

    Chapitre 13 – Le risque

    Chapitre 14 – La croissance et le changement

    Chapitre 15 – La rupture et l'échec

    Chapitre 16 – La création d'entreprise

Section 3 - Et Demain ?

    Chapitre 17 – Management Stratégique et développement durable

    Chapitre 18 – Les impasses des business models actuels

    Chapitre 19 – L'éco-efficience et l'éco-conception

    Chapitre 20 – L'économie circulaire

    Chapitre 21 – L'économie de la fonctionnalité

Épilogue

REMERCIEMENTS

SOURCES

Ce guide a été conçu pour offrir aux étudiants et aux professionnels une introduction pratique et accessible au Management Stratégique des Organisations.

Il est le fruit de nombreuses années d'enseignement et d'expérience, et a été enrichi par la consultation de nombreux ouvrages, articles et sites internet.

Je tiens à préciser que, bien que ce cours ait été élaboré au fil du temps grâce à une multitude de sources, il m'est malheureusement impossible de toutes les identifier et de les citer individuellement dans une bibliographie exhaustive.

Je remercie sincèrement tous les auteurs et créateurs de contenu dont les travaux ont contribué, directement ou indirectement, à la réalisation de ce guide.

En particulier, je dois citer Christophe Sempels qui m'a inspiré la trame ce cours. Christophe est le fils de mon beau-père. Docteur en sciences de gestion et co-fondateur de LUMIÅ, un centre de recherche et de formation dédié à la régénération des entreprises, il a été le premier à me parler d'économie de la fonctionnalité et m'a initié au Business Model Canvas.

Christophe a notamment publié : "Les business models du futur : Créer de la valeur dans un monde aux ressources limitées" ([1]).

Je souhaite remercier également Nathalie Tramonte, ma belle-sœur, qui m'a proposé la charge de ce cours à la HEPL en 2013.

Je pense aussi aux nombreux étudiants qui ont croisé ma route toutes ces années et qui m'ont encouragé à poursuivre, malgré les contraintes, cette charge de cours.

L'alternance en Facility Management est une vraie nécessité pour nos organisations. Les services couverts par ces acteurs impactent toute une série de facteurs : ressources humaines, performances énergétiques, opérationnelles et stratégiques.

Ces formations s'alignent également avec une autre de mes convictions : le « Property As A Service », qui est désormais pleinement intégré dans les stratégies immobilières.

Un sujet à explorer dans un prochain guide ?

([1]) *Sempels, C., & Hoffmann, J. (2012). Les business models du futur : Créer de la valeur dans un monde aux ressources limitées. Pearson Education France.*

À PROPOS DE L'AUTEUR

© Frédéric Driessens

J'aime cette photo. Elle a été prise par mon fils Alex en Corse durant nos vacances d'été 2019.

Je suis né en juillet 1971, à Chênée.

J'ai grandi à Embourg. École communale puis collège du Sartay (Latin - Math).

J'étudie ensuite à l'Université de Liège en Administration des Affaires (Ingénieur Commercial) puis, à horaires décalés, j'effectue une licence en Finance Approfondie (HEC Liège).

Je débute ma carrière professionnelle dans une banque liégeoise, la SEFB (devenue Record Bank).

Ensuite, pendant 15 ans, je prends la direction financière de PME's à Liège et à Bruxelles (Yvan Paque, Amec Spie, Euro-Diesel).

En 2010, je rejoins l'invest public Meusinvest (devenu Noshaq) où je prends en charge la stratégie immobilière en 2017.

Je crée le fonds Rise Proptech en 2021. Cela me donne l'envie d'entreprendre.

Depuis octobre 2023, je suis indépendant via ma société Hualto - HUman ALter TOmorrow.

Hualto réalise différentes missions de conseils financiers, d'apporteur d'affaires, de levées de fonds, des accompagnements et développements de projets immobiliers ainsi que des transmissions.

Avec Marie-Noëlle (Mano), nous nous sommes mariés en 1997 et nous avons trois grands garçons : Tom (né en 2000), Alex (né en 2002) et Hugo (né en 2006).

Depuis 2020, la famille accueille Leia, notre princesse (Boxer des Pyrénées).

Nous vivons à Embourg, près de Liège, en Belgique.

Frédéric Driessens
16, Rue Fernand Huet - 4053 Embourg – Belgique
@ : frederic@hualto.com